Grandeur et misère de l'analyse de cas

Grandeur et misère de l'analyse de cas

La chouette équipe à la croisée des chemins

Richard Déry

**Chenelière
Éducation**

Grandeur et misère de l'analyse de cas
La chouette équipe à la croisée des chemins

Richard Déry

© 2008 Les Éditions de la Chenelière inc.

Éditeur : Sylvain Ménard
Éditrice déléguée : Valérie Cottier
Coordination : François Boutin
Révision linguistique : Maude Nepveu-Villeneuve
Correction d'épreuves : France Brûlé
Conception graphique et infographie : Transcontinental Transmédia
Conception de la couverture : Josée Brunelle
Illustrations de la couverture : Aga / Shutterstock,
    Irina Tischenko / Shutterstock
Impression : Imprimeries Transcontinental

**Catalogage avant publication
de Bibliothèque et Archives nationales du Québec
et Bibliothèque et Archives Canada**

Déry, Richard

Grandeur et misère de l'analyse de cas : la chouette équipe
à la croisée des chemins

ISBN 978-2-7650-1827-8

1. Cas, Méthode des.   2. Gestion.   3. Apprentissage – Travail
en équipe.   i. Titre.

LB1029.C37D47 2007   371.39   C2007-941295-5

**Chenelière
Éducation**

7001, boul. Saint-Laurent
Montréal (Québec)
Canada H2S 3E3
Téléphone : 514 273-1066
Télécopieur : 514 276-0324
info@cheneliere.ca

ISBN 978-2-7650-1827-8

Dépôt légal : 1er trimestre 2008
Bibliothèque et Archives nationales du Québec
Bibliothèque et Archives Canada

Imprimé au Canada

1 2 3 4 5 ITM 11 10 09 08 07

Nous reconnaissons l'aide financière du gouvernement du Canada
par l'entremise du Programme d'aide au développement de l'industrie
de l'édition (PADIÉ) pour nos activités d'édition.

Gouvernement du Québec – Programme de crédit d'impôt pour
l'édition de livres – Gestion SODEC.

DANGER

LE
PHOTOCOPILLAGE
TUE LE LIVRE

À mon fils, Jean-François,
qui fut la véritable source d'inspiration de ce petit livre

Table des matières

Introduction 1

Chapitre 1
La vie étudiante : réflexivité, affectivité et petite misère 5

    La démesure pédagogique : de tout pour tous et encore plus 7

    Le coût de la vie étudiante : gagner sa vie pour survivre 10

    Les attentes des uns, la pression des autres 11

Chapitre 2
Éloge du travail en équipe : soi et les autres 13

    La chaleur de la troupe 13

    À l'école de la vie 14

    Être la mesure de toute chose 15

    La chouette équipe : entre l'espoir et l'angoisse 16

Chapitre 3
Le cas : du mystère à l'angoisse 19

    Il était une fois… 21

    L'expérience des uns et le savoir des autres 24

    L'auberge espagnole 25

Chapitre 4
L'analyse de cas : de l'angoisse à la méthode **27**

Une affaire de jugement 28

Le destin de Prométhée : l'illusion technicienne 31

Le travail préparatoire : extraire l'information pour
mieux s'en libérer 33

Le diagnostic : formuler le problème et le contextualiser 35

L'analyse : comprendre et expliquer 39

Les solutions : en route vers de nouveaux problèmes 40

Chapitre 5
L'évaluation des travaux : l'objective sanction
du jugement subjectif **43**

Le jugement dernier 45

Les critères objectifs de la subjectivité 46

Au-delà de l'apparente performance, l'invisible apprentissage 47

Chapitre 6
Le début des troubles : la coordination des agendas **49**

La quadrature du cercle des amis 49

De la douce forêt cognitive à la jungle sociale 51

Chapitre 7
La première rencontre : l'anarchie organisée **53**

La symphonie cacophonique en deux actes 53

La symphonie inachevée 54

Une petite séance de médisance 55

Chapitre 8
De la division du travail à la multiplication des troubles 57

　　Diviser pour régner 57

　　Le tout est plus que la somme des parties 59

Chapitre 9
L'heure des choix : solidarité ou performance ? 61

　　Le paratonnerre 61

　　La croisée des chemins 62

Conclusion 65

Introduction

e petit livre en est un d'introduction à l'analyse de cas de management. Écrit sous la forme d'un cas, l'ouvrage explore les multiples facettes de l'analyse des situations de gestion. En suivant le parcours d'Alexandre qui, guidé par les consignes de son professeur de management, doit réaliser, en équipe, l'analyse d'un cas, le lecteur est convié à une réflexion sur la réalité des cas, la méthode pour les analyser, le travail en petit groupe et l'univers du management.

Au terme des aventures d'Alexandre, l'analyse de cas en petit groupe ressort comme une réalité complexe dans laquelle s'enchevêtrent des dimensions tout à la fois cognitives, sociales, existentielles et techniques. Réaliser l'analyse d'un cas de management n'est donc pas une mince tâche et comprendre la problématique qu'il met en scène n'est que la pointe cognitive de l'iceberg ontologique. Les cas ne sont pas seulement des objets froids de compréhension individuelle. Ils ne se réduisent pas davantage à un assemblage plus ou moins cohérent d'informations qu'une analyse rigoureuse peut traiter de façon à mettre au jour des problèmes et à esquisser des solutions. Le but poursuivi par le recours à la méthode des cas est de susciter un débat collectif, un choc des idées et des opinions de façon à favoriser la construction d'une intelligence collective. Immergé dans une dynamique de groupe, le cas s'inscrit alors inévitablement dans un jeu social fait de conflits, de négociations, de compromis, de rhétoriques, de pressions sociales, d'interprétations, de rencontres et d'interactions qui enrichissent et appauvrissent tout à la fois le regard individuel et le contraignent tout en l'habilitant. De ce point de vue, un cas est bien davantage une occasion d'interaction sociale qu'un objet à connaître. En fait, la connaissance d'un cas n'a de véritable sens que lorsqu'elle s'inscrit dans un jeu d'interactions sociales où elle peut contribuer à l'élaboration d'une intelligence qui met à profit les interprétations des uns et la compréhension des autres.

Si l'analyse de cas prend tout son relief dans l'interaction collective, c'est aussi l'occasion d'un questionnement individuel où chacun se prend pour l'objet de sa réflexion, où chacun, sous le regard de l'autre, se met en scène et s'interroge sur son propre jugement. Confronté à soi et à un cas à comprendre, l'étudiant se découvre en même temps qu'il s'ouvre à l'autre. Un cas est donc forcément une occasion de lever le voile sur le caractère existentiel inhérent à la réalisation de tout travail humain. Comprendre ne se réduit pas à une équation rationnelle et à l'application d'une technique méthodologique dont la rigueur pourrait à elle seule garantir le succès de la découverte. C'est aussi un jeu existentiel qui peut engager tout notre être, pas seulement notre cognition, et c'est aussi cela que met en scène le cas de la chouette équipe.

L'analyse de cas comporte également une dimension technique qui, tout au côté des dimensions cognitive, sociale et existentielle, joue un rôle central dans la compréhension de ces curieux objets d'apprentissage que sont les cas de management. Ici, l'accent est mis sur la méthode de résolution de problèmes et la prise en compte du contexte dans lequel les problèmes de management sont posés comme devant faire l'objet d'un processus d'analyse et de résolution. Toutefois, si le management ne se réduit pas à ses techniques, alors rien ne dit que de traiter le cas de la chouette équipe selon la technique d'analyse décrite dans ce livre soit la meilleure stratégie cognitive. C'est là une affaire de jugement. Certains préféreront s'en tenir à cette démarche, d'autres pourraient choisir de s'en écarter de façon à miser sur une autre démarche d'analyse qu'ils jugeront plus appropriée, voire sur un répertoire de solutions construit au fil de leurs expériences vécues. Ici, il y a donc des choix à faire et analyser un cas en commande une multitude, dont celui de la méthode pertinente pour l'analyser.

Par ailleurs, le cas de la chouette équipe est volontairement construit sous la forme de la spirale paradoxale qui est au principe du management. En effet, par ce cas, il s'agit de plonger les étudiants dans la situation qu'il décrit. En fait, il s'agit de leur faire vivre cette situation. Les étudiants doivent en équipe résoudre le problème d'une équipe aux prises avec une analyse de cas. En outre, ils doivent utiliser ce qui se trouve dans le cas pour résoudre à la fois les problèmes qu'il pose et ceux qui, inévitablement, surviendront lors de cet effort de résolution. De plus, comme si cette spirale ne suffisait pas à elle seule à donner le tournis, le cas en ajoute une louche en obligeant les étudiants à analyser l'analyse de l'analyse. Cette montée en puissance de la réflexivité est inévitable, puisque c'est là le propre de la raison humaine et, par cette troublante expérience de la boucle réflexive, le cas se veut donc aussi une introduction à la réalité du management. En effet, le gestionnaire n'a pas ce luxe d'être en retrait de son monde pour froidement l'analyser.

Il est dans l'action et celle-ci transforme continuellement sa réalité. Il est un acteur réflexif, ni seulement acteur ni seulement réflexif, mais bien les deux à la fois et en tout temps. C'est donc dire que ce cas offre une véritable situation de management, puisque le management est fondamentalement une pratique réflexive contextualisée. En plongeant les étudiants dans la réalité d'un cas qui commande la réflexion et en leur faisant vivre, dans un contexte d'équipe, une situation qui les oblige à s'interroger sur ce qu'ils font alors même qu'ils le font, ce cas leur ouvre les portes du management dans ce qu'il a de si particulier et de paradoxal.

Le cas illustre aussi le caractère réflexif du management sur un autre plan. En effet, pour nombre d'étudiants, la réalité administrative est tranchée et se découpe en théorie et en pratique, ce qui n'est pas le cas du management, qui, au contraire, est une pratique combinant, dans l'action, la théorie et la pratique. Ces étudiants qui aiment tant découper le monde en théorie et en pratique sont généralement réconfortés dans leur posture épistémologique par le fait que le contenu des cours de management se trouve souvent à mettre côte à côte des textes et des cas. Pour eux, c'est bien là l'illustration de la dichotomie théorie/pratique. Le cas de la chouette équipe cherche donc à rompre avec cette dichotomie en offrant aux étudiants, dans un même cas, la théorie et la pratique, la note pédagogique et le cas. Ainsi, dans le présent cas, la technique, la théorie sur la méthode des cas est incluse; elle est constitutive de la réalité du cas et peut dès lors faire l'objet de débats, être elle-même l'objet de l'action réflexive. Elle n'est pas extérieure à cette réalité, elle y est consubstantielle et l'étudiant n'a d'autre choix que de la prendre pour ce qu'elle est, un élément de sa réalité qui, paradoxalement, lui permet d'y faire face.

Au terme de la lecture du cas de la chouette équipe et de son analyse en équipe, les étudiants devraient donc avoir une idée de ce qu'est un cas et sa méthode, de ce que son analyse peut générer aux points de vue cognitif, existentiel, social et technique. Finalement, les étudiants sauront ce qu'est le management, autant théoriquement, puisque le cas abonde de réflexions à ce propos, qu'empiriquement, puisqu'en l'analysant en petits groupes, ils vivront une véritable expérience de management.

En terminant, j'aimerais remercier les personnes qui m'ont aidé à réaliser ce projet. Les membres de ma famille ont joué un rôle décisif. D'abord, je me suis très librement inspiré des aventures de mon fils Jean-François, qui a aussi été un lecteur minutieux des multiples versions de ce cas. Puis, ma fille Marie-Claire m'a fait découvrir le dialogue de Socrate sur Lachès relaté par

Platon. Ce dialogue me fut fort utile pour réfléchir à la relation pédagogique qui est au principe de la méthode d'analyse des cas. Enfin, ma conjointe Doris a lu et commenté toutes les versions du cas et, sans elle, le projet n'aurait jamais vu le jour. Mes collègues m'ont également encouragé à mener ce projet à terme et ont eu la gentillesse de lire et de commenter des versions du cas. Je tiens donc à remercier Yves-Marie Abraham, Jean-Pierre Béchard, Luc Bélanger-Martin, Christiane Demers, Jean-Pierre Dupuis, Joseph Facal, Catherine Lebrun, Martine Lefebvre et Louise Péloquin.

CHAPITRE 1

La vie étudiante : réflexivité, affectivité et petite misère

J'étais songeur, très songeur, nous dit Alexandre. Là, tout à l'écart du brouhaha assourdissant de la cafétéria, j'étais plongé dans ma bulle, une très grosse bulle existentielle qui, à tout moment, menaçait de m'éclater au visage. Étudiant dans une grande école de gestion, je venais tout juste de vivre ma première expérience d'analyse de cas en équipe et je ne savais plus trop quoi en penser. Je ne savais même plus si je devais en penser quoi que ce soit. Je n'avais plus d'énergie, que des états d'âme et un doute persistant et fort troublant qui, par sa seule présence, ne cessait d'effriter ma sécurité ontologique déjà lourdement mise à mal par l'expérience du travail en équipe. Avais-je fait les bons choix ? Aurais-je pu faire autrement ? Si c'était à refaire, que ferais-je ? Comment savoir avant de le savoir que j'aurais pourtant dû le savoir ? Oui, décidément, tout devenait pour le moins confus, ambigu et nébuleux. Pour en finir avec mes doutes cognitifs et mon désarroi existentiel, je devais rapidement trouver des réponses à mes questions, ou alors cesser de m'en poser pour retrouver ne serait-ce qu'un zest de la douce quiétude que procure l'insouciance. Mais voilà, le cerveau est ainsi fait que l'insouciance réfléchie n'est pas une mince affaire à réaliser. Je savais, que ça me plaise ou non, que j'étais condamné à réfléchir. Je n'avais pas le choix, ou si peu. À l'instar du rusé Sisyphe que Zeus condamna jadis à rouler éternellement un rocher jusqu'au sommet d'une abrupte montagne, je savais que réfléchir était mon fardeau et que jamais je ne pourrais m'en départir. Pas moyen de m'affranchir de mon humaine condition d'être réflexif. Quoi que je puisse en penser, je ne pourrais m'empêcher de penser. Pris au piège de l'inévitable boucle réflexive qui, toujours, me ramenait à mes propres pensées, je n'avais d'autre choix que de *spiraler* pour me sortir de ce cercle aussi réflexif que vicieux. Si je ne pouvais visiblement pas faire l'économie de ma réflexion, je pouvais toutefois réfléchir à autre chose, voire penser autrement. Porté par ma réflexion, je pourrais alors étendre plus avant mon territoire d'investigation cognitive, ce qui, en retour, me permettrait, peut-être, de mieux comprendre ce que j'avais vécu et, du même souffle, de l'interpréter autrement et d'alors modifier la suite des choses. La clé était donc là, tout juste sous mon nez, en fait, ici aux confins de mon imaginaire synaptique, là où les connexions neuronales valsent au rythme des décharges électriques et des rencontres chimiques sur fond de nouvelles idées toutes plus séduisantes les unes que les autres. Si je ne pouvais suspendre ma réflexivité, j'allais donc lui donner une autre inclinaison, une nouvelle orientation. Surpris par cette réflexion sur ma propre réflexion qui décidément prenait l'allure déroutante d'un surmoi épistémologique qui s'observe en train de réfléchir, j'en venais à la conclusion que je n'avais d'autre choix que d'assumer pleinement et en toute conscience ma réflexivité. Je m'engagerais donc dans ce jeu de miroirs cognitifs et je ferais ainsi face à mes angoisses existentielles. Je trouverais des réponses à mes multiples questions et si, pour y parvenir, je devais les reformuler, je le ferais. Oui, j'en étais convaincu, la meilleure des stratégies consistait à trouver des réponses à mes questions avant de tourner définitivement la page ou d'y ajouter quelques lignes.

Tout en cherchant à me convaincre que la réflexivité devait forcément être le bon choix pour domestiquer les démons qui peuplaient mon exotique jardin intérieur, je ne pouvais néanmoins m'empêcher d'y cultiver des doutes et d'y récolter colère, frustration et angoisse.

J'aurais dû me méfier, me méfier de tout, de mon équipe, du professeur, de sa technique et de ses beaux discours, de moi surtout. Pourtant, je savais que tout cela tournerait au cauchemar. Dès le début, j'en avais eu l'intime conviction. Lorsque le professeur nous a dit que nous allions vivre une difficile expérience intellectuelle et émotive, je ne l'ai pas pris au sérieux, pas vraiment. Je me suis dit qu'il cherchait tout simplement à nous mettre de la pression, à établir, d'entrée de jeu, qu'il était aux commandes de son cours et que nous n'avions qu'à suivre docilement ses consignes. C'était bien là le subtil piège, car j'ai bien tenté de suivre ses consignes, mais elles étaient si contradictoires que c'en est très vite devenu désespérant. De plus, ce professeur, comme tous les autres du reste, s'imagine qu'il est le centre de nos vies et que son cours exerce sur nous un irrésistible pouvoir d'attraction.

Plus j'y réfléchis, plus je me dis que si ce professeur nous fait perdre le nord, ce n'est que pour mieux nous faire valoir ses talents de guide. Je le sais, car tous les professeurs se croient uniques alors qu'ils sont vraiment tous semblables les uns aux autres, interchangeables, construits dans un seul et même moule doctoral, et que tous ont l'infinie prétention de nous guider vers notre avenir alors qu'eux-mêmes n'oseraient jamais fouler ne serait-ce que du bout du pied le monde extérieur auquel ils prétendent pourtant nous préparer. Là, confortablement installés bien au chaud dans leur fabuleuse tour d'ivoire, ils jouent avec nos vies, chamboulent nos réalités intérieures, et tout cela, disent-ils, pour notre plus grand bien. Et il faudrait les croire sur parole, ceux-là. Ils s'imaginent tous que notre vie leur est totalement dédiée et qu'elle se réduit à faire sagement les travaux qu'ils prennent un malin plaisir à rendre si complexes tout en les présentant, bien sûr, comme étant de petites obligations aussi scolaires qu'anodines. Pour nos professeurs, nous ne sommes que des étudiants, voire *leurs* étudiants. Nous sommes leur chose, leur propriété, leur pâte à modeler, le fruit de leurs expériences. C'est qu'ils savent s'y prendre, ceux-là, avec leurs discours-fleuves. Il suffit que, dans un moment de faiblesse, nous baissions la garde, que nous prenions plaisir au doux chant des sirènes qu'ils fredonnent inlassablement et ça y est, nous allons nous échouer sur les récifs de leurs toujours très confuses et fluctuantes exigences. Je m'en veux d'être une fois de plus tombé dans ce piège, d'avoir voulu jouer le jeu, de m'y être laissé prendre comme un pauvre petit débutant. Pourtant, s'il y a une chose dans laquelle j'ai de l'expérience, c'est bien le métier d'étudiant. Après plus de treize ans consacrés à l'étude, j'aurais dû me méfier, j'aurais dû le savoir que ce travail allait nous conduire tout droit au mur des Lamentations. C'était écrit dans le ciel, il suffisait de le lire, d'en interpréter les signes et, surtout, d'en tenir compte. Oui, je n'ai qu'à m'en prendre à moi-même. Ça m'apprendra à être aussi naïf, à faire naturellement confiance alors que d'instinct je sais bien qu'il faut se méfier de ceux et celles qui prétendent savoir à notre place ce que nous devrions savoir.

Je m'emporte, mais peut-être qu'après tout, le professeur n'est pas le seul fautif. Finalement, le professeur avait peut-être raison lorsqu'il nous disait que pour avoir du succès dans nos études, nous devions pouvoir nous y consacrer corps et âme. Si seulement la vie était aussi simple. Si seulement nous pouvions, nous aussi, vivre de ces choses cognitives, loin du labeur, des nécessités de la vie concrète, de la course folle dans laquelle la vie étudiante nous engage. N'en déplaise à tous ces professeurs nostalgiques qui, du haut de leur chaire universitaire, nous font la leçon tout en rêvant d'être à notre place, la vie étudiante d'aujourd'hui n'est franchement pas le paradis perdu de leur tendre jeunesse.

La démesure pédagogique : de tout pour tous et encore plus

Le problème avec les grandes écoles de gestion, nous dit Alexandre, est qu'elles sont toutes de gigantesques buffets chinois pédagogiques. Tout y est démesuré. Il y a de tout, pour tous, en trop grande quantité. Un vrai *Bill Wong* de la pédagogie! Chaque matière est facilement assimilable, chaque bouchée se digère bien, mais la combinaison de tant de matières, de lectures, d'exercices, d'examens et de travaux tant individuels que d'équipe est, pour le moins qu'on puisse dire, particulièrement indigeste.

Pour nous faire avaler tout leur savoir, les professeurs ne manquent pas d'étiquettes toutes plus invitantes les unes que les autres. Pour les uns, le monde de la gestion est un univers multidisciplinaire, et pour d'autres, l'ère est à l'interdisciplinarité, voire à la transdisciplinarité. Cerise sur notre *sundae* cognitif, il y en a même un qui nous dit que la gestion est une indiscipline! Avec une telle accumulation de qualificatifs, il n'est pas surprenant que nous soyons pour le moins confus. Devons-nous être *multi, trans* ou *inter*? Devons-nous plutôt être des indisciplinés? Devons-nous être tout cela à la fois et bien d'autres choses encore? Quoi qu'il en soit, une grande école de gestion ne lésine pas sur les moyens disciplinaires. Toute la gamme du savoir y passe. Sociologie, psychologie, économie, informatique, statistique, mathématiques sont invariablement au menu pédagogique. À cela, au gré des préférences des uns et des petites envies des autres, s'ajoutent la psychanalyse, l'anthropologie, la philosophie, lorsque ce ne sont pas les neurosciences. Comme si cet amalgame disciplinaire ne suffisait pas à combler nos désirs les plus fous, il faut également se farcir le savoir technique des fonctions d'entreprise qui s'abreuvent à ces disciplines. Là, nous avons droit au service quatre étoiles, fait de marketing, de finance, de gestion des ressources humaines, de gestion des opérations et de la logistique, de comptabilité, de gestion des technologies de l'information, etc. C'est l'enfilade ininterrompue de plats cognitifs qui, toutefois, nous sont toujours présentés comme de simples entrées en matière. Le plat de résistance est toujours reporté à plus tard, lorsque nous serons fin prêts à en goûter les subtilités gastronomiques. Bien sûr, même si ce banquet cognitif est en soi gargantuesque, nous avons tout de même droit au petit dessert, qui prend la forme de matières dites d'intégration telle la gestion stratégique d'entreprise. Il y a vraiment de quoi faire une indigestion! Dire qu'après nous avoir ainsi gavés à satiété, sans sourciller, nos professeurs ne manqueront jamais l'occasion de nous rappeler qu'il vaut mieux avoir «une tête bien faite qu'une tête bien pleine». Oui, bien sûr et bien sucré! Nous avons surtout le bedon bien rond et la bedaine bien pleine.

Devant l'incroyable, pour ne pas dire l'impossible tâche d'assimilation que commande l'absorption de tant de matières aussi riches que disparates, les professeurs ne trouvent rien de mieux à nous dire qu'il est de notre devoir de nous en accommoder. Ils nous délèguent, disent-ils, la tâche de tout intégrer, de faire en sorte que ce magma cognitif se mue, comme par magie, en pratique cohérente et efficace. Bien sûr, pas un seul d'entre eux n'y arriverait, mais voilà, c'est notre tâche, voire notre ultime devoir, pas le leur. Eux ne sont que des spécialistes alors que nous aspirons à être des généralistes. Tout cela me paraît bien accommodant et plutôt facile, mais pas moyen d'y couper puisque, disent-ils encore : « Le monde est complexe et vous vous devez d'y répondre par une égale complexité. » Pour l'instant, je ne vois que complication et confusion, alors pour ce qui est de la complexité, il faudra repasser dans une autre vie, peut-être même dans deux.

Toute cette nourriture spirituelle aurait de quoi rassasier le plus vorace des appétits, mais voilà, nous ne sommes pas de purs esprits en quête d'élévation transcendantale. La vie étudiante ne se réduit pas à l'étude et pas besoin d'aller bien loin pour trouver matière à distraction. En effet, l'école regorge d'activités parascolaires de toutes sortes. Conférences, visites d'entreprises, colloques, débats, films et infinie variété de foires nous tendent les bras sous le regard approbateur des instances administratives et de nos professeurs qui, très souvent, jouent le rôle de parrains de ces événements, lorsqu'ils n'en sont pas les organisateurs, voire les principaux acteurs. Et là, je n'évoque même pas la vie sociale faite de *partys* aussi sympathiques que délirants, de compétitions amicales entre les groupes, de 4 à 7 conviviaux et exotiques, d'insertion dans l'une ou l'autre, voire plusieurs des associations toutes plus riches en promesses d'avenir qu'en réalisations présentes. Oui, combiner la vie sociale à la vie universitaire donne un lourd fardeau à porter, mais c'est aussi cette combinaison qui fait le charme de l'école, qui rend l'endroit si stimulant, si excitant. De toute façon, je me dis que pour avoir le cœur léger, il faut savoir porter ce genre de fardeau.

Au tout début de la première année, nous sommes donc comme des enfants dans un vaste magasin de jouets. Nous n'avons pas assez de nos deux yeux pour tout voir, pas suffisamment de temps pour tout faire. On ne sait pas trop quoi choisir, ni même si nous devons choisir. On veut un peu de tout, comme dans les buffets chinois, et, surtout, on ne veut rien manquer, histoire de ne pas cultiver de terribles regrets qui inévitablement viendront miner notre moral en se rappelant à notre bon souvenir.

Je sais bien que, présentée comme ça, la vie étudiante semble particulièrement riche et trépidante, mais il faut savoir aller au-delà des apparences, gratter sous la surface. Là, l'histoire prend un autre tournant, nettement moins *glamour*.

Le coût de la vie étudiante : gagner sa vie pour survivre

Déjà largement chargé par la vie académique et sociale, le menu étudiant comporte aussi son lot de nécessités, car si c'est bien gentil d'étudier et de s'amuser, encore faut-il en avoir les moyens, et ceux-ci ne sont pas que d'ordre cognitif et motivationnel, ils sont aussi bassement d'ordre financier. Aux activités académiques et sociales, il faut donc ajouter les activités économiques. Étudier n'est pas gratuit et là, on l'aura compris, je ne parle pas de la gratuité de l'être et du cœur, de ce don de soi qui tisse le filet social dont nous avons tous besoin pour vivre et nous épanouir. Non, je parle plutôt de travail, de cette activité laborieuse qui n'a de sens qu'au regard de la survie, qui découle de l'ordre de la nécessité, cet ordre où nous n'avons pas le choix, précisément parce qu'il est nécessaire. Travailler n'est pas une question de choix, je ne suis pas libre de ne pas travailler et si je m'y astreins ce n'est que pour survivre.

Je sais bien qu'étudier ne coûte pas vraiment une fortune, pas même une demi-fortune. D'ailleurs, il faut vraiment vivre sur une autre planète, voire dans un univers parallèle pour ne pas avoir entendu parler des études sur les coûts de l'éducation qui, toutes, nous disent la même chose : étudier est une véritable aubaine. Aubaine peut-être et même très sûrement, mais ce n'est pas gratuit pour autant. Juste en frais directs de scolarité et en frais afférents, cela me fait déjà une facture qui sans être une *peanut* n'en est pas moins particulièrement salée. À cela, je dois ajouter tout le matériel pédagogique, qui n'est pas davantage gratuit, le coût de mon ordinateur portable et, comme si tout cela n'était pas déjà largement au-dessus de mes moyens, il me faut ajouter les frais de papeterie diverse. Si je fais le compte, cela représente une «jolie» somme de plusieurs milliers de dollars par année et là, je n'ai toujours pas commencé à vivre, ni même à survivre. Je n'ai pas mangé, ne me suis pas encore acheté de vêtements, n'ai même pas voyagé en autobus et en métro. Il vaut mieux oublier que j'ai aussi des frais de sorties et le coût mensuel de mon cellulaire, que mes parents m'ont offert à Noël, mais dont je dois maintenant assumer seul les frais d'utilisation. Une chance que j'habite toujours chez mes parents, car il faudrait aussi inclure à l'addition le coût du loyer du taudis que je serais forcément condamné à louer.

Lorsque je pense au coût de la vie étudiante, je me dis que nous vivons dans un monde vraiment dingue et que si le voleur de grand chemin des romans de mon enfance me demandait, une fois de plus, de choisir entre la bourse et la vie, aujourd'hui je lui répondrais que, tout compte fait, il vaut mieux choisir d'investir en bourse pour simplement escompter survivre. Je sais bien que j'aime me plaindre, c'est même mon sport existentiel favori, mais je veux aussi que tous reconnaissent qu'étudier n'est pas l'aubaine du siècle. Le pire dans tout cela est précisément la négation de nos problèmes. Du coup, c'est un peu tout notre être qui est nié et fragilisé. Ainsi, la semaine dernière, l'un de mes professeurs s'est lancé dans l'une de ces tirades morales dont il cultive le malin secret. Selon lui, notre seule et véritable obligation est d'étudier, cela devrait être là notre unique souci, notre seul travail, et en conséquence, nous devrions cesser de consommer, «d'hyperconsommer», disait-il. Plus d'un étudiant dans la classe s'est senti visé, alors, fier de son effet, il a ajouté que «rien n'est pire que cet empiétement irréfléchi du travail sur un temps qui devrait toujours être dévolu à l'étude et qu'à l'étude». Moi, je me dis qu'il est grandement temps que celui-là sorte de la douce et luxuriante caverne platonicienne où il se vautre goulûment et qu'il vienne un peu contempler, non pas le monde éthéré de ces belles idées éternelles qui, loin du regard de la plèbe et de la vulgate, nous gouverneraient, mais celui du dur et sale labeur de la vie toute concrète. Il comprendrait très vite que dans notre monde, il faut gagner sa vie pour la vivre, en fait, pour simplement survivre. Dans notre vie laborieuse, faite de petits boulots aliénants et mal rémunérés, l'argent, comme me l'ont inlassablement répété mes parents, ne pousse pas dans les arbres, ni ailleurs du reste, et, n'en déplaise à cet auguste professeur, je n'ai d'autre choix que de travailler si je veux encore profiter de ses augustes lumières pour éclairer mon avenir. Je ne suis pas un hyperconsommateur, je survis, tout juste, et je ne suis pas du tout sûr que cela soit vraiment juste. Comment pourrais-je faire autrement? Simplement en frais d'études, je dois payer plusieurs milliers de dollars par année. En travaillant tout l'été dans un camp de jour dédié aux jeunes enfants du quartier, je me suis fait à peine le tiers de ce que coûtent mes études. Et dire que mes parents m'ont toujours dit que «s'instruire, c'est s'enrichir». Dans leur temps peut-être, mais là je m'endette jusqu'au cou et je suis convaincu qu'il faut beaucoup s'appauvrir pour éventuellement s'enrichir.

Les attentes des uns, la pression des autres

Comme si ma situation financière plus que précaire n'était pas suffisante pour propulser mon niveau d'angoisse à des sommets étouffants, voilà que la semaine dernière, le directeur du programme d'études est venu rencontrer les membres de notre groupe. Dans sa présentation, au demeurant fort stimulante et instructive, il a mis l'accent sur le programme d'échange à l'étranger que nous pouvons réaliser en deuxième année. Il a tout particulièrement insisté sur le fait qu'il nous fallait déjà y penser et, surtout, bien nous y préparer. Comment faire autrement? Je ne suis pas né de la dernière pluie, ni même de l'avant-dernière, et je sais très bien que pour y avoir droit, il faut d'excellentes notes, et que partir un semestre à l'étranger coûte vraiment très cher, la « peau des fesses » ou « les yeux de la tête » selon le côté de l'Atlantique qui nous a vu naître. Y penser, y penser... Je ne fais que cela et ça m'épuise. Ça me vide de tout mon être. Ça draine toute mon énergie et ne génère que des angoisses. Il vaut mieux, finalement, ne plus y penser du tout. C'est ce que je fais, du moins j'essaie du mieux que je peux et même si ce « mieux » n'est pas parfait, c'est déjà mieux que rien.

Par ailleurs, je suis bien conscient qu'étudier est mon choix et je suis prêt à l'assumer. J'ai des objectifs et je veux bien prendre les moyens pour les réaliser. Je voudrais pouvoir me consacrer exclusivement à mes études, mais ce n'est pas possible. Je ne peux vivre seulement de l'amour des études et de la fraîcheur des discours-fleuves de mes professeurs. Je dois travailler, je n'ai pas le choix. Bien sûr, cela crée une importante ponction de temps et d'énergie, mais sans cela, je ne peux tout simplement pas étudier. Je dois donc composer avec ma situation tout en sachant bien que je ne pourrai l'utiliser pour justifier d'éventuelles performances décevantes. Ce n'est pas que je tienne à réussir à tout prix, mais j'aimerais néanmoins avoir de bons résultats et pouvoir, comme tant d'autres, vivre l'expérience d'un semestre à l'étranger.

Je travaille donc 12 heures par semaine, à un minable salaire horaire. Je fais de la surveillance dans un gymnase. Ce n'est pas le Pérou, à peine une petite misère, mais au moins ça paye quelques factures. Cela dit, je suis là à vous raconter ma vie, à m'énerver et à partager avec vous mes états d'âme, mais pendant ce temps-là, mes travaux de semestre n'avancent pas d'un poil.

CHAPITRE 2

Éloge du travail en équipe : soi et les autres

L e travail en petits groupes est l'une des marques de commerce du parcours académique des écoles de gestion et l'on ne compte plus le nombre de cours où les professeurs nous demandent de former des équipes et nous évaluent sur nos performances collectives. Pas surprenant alors que, dans tous les corridors de l'école, nous rencontrions des grappes d'étudiants affairés à réaliser l'un ou l'autre de leurs trop nombreux travaux d'équipe et à résoudre les inévitables problèmes que posent les contraintes de cette vie collective. À l'évidence, la vie au sein d'une école de gestion n'a rien de ce parcours du combattant où, en bon soldat, nous devrions faire face, seul, aux innombrables embûches de la vie tout en apprenant à domestiquer nos angoisses et à ajuster nos attentes de façon à ne pas manquer l'ultime rendez-vous avec notre destin.

La chaleur de la troupe

Travailler en équipe est une expérience tout à la fois riche et complexe, habilitante et contraignante. Cela nous permet de faire des rencontres, de construire des complicités, d'étendre le réseau de nos amitiés, de miser sur une diversité de vécus et de savoirs, de nous répartir le fardeau du surplus de travail qu'exigent nos professeurs et, surtout, de ne pas nous sentir trop seul dans cet univers si compétitif qu'est une grande école de gestion. Je ne conteste donc pas que ce soit bien de pouvoir compter sur « la chaleur de la troupe plutôt que sur la seule tiédeur du foyer », comme le disait le légionnaire romain, mais œuvrer au sein d'une équipe n'a pas que des avantages. Il faut, entre autres, se coordonner, apprendre à composer les uns avec les autres, se diviser le travail, fixer des objectifs et les respecter, et tout cela, dans le climat de stress que savent si bien entretenir nos professeurs toujours aussi avides de nous pousser à l'extrême limite de ce que nous pouvons, disent-ils, réaliser. Une équipe peut devenir à elle seule un réel fardeau. Nous ne savons vraiment jamais sur qui nous tombons. Au début, tout le monde fait attention les uns aux autres, mais le naturel reprend vite ses droits et il n'est pas rare que le travail en équipe devienne une foire d'empoigne, un lieu d'exutoire où les ego des uns se frottent aux personnalités des autres. Lorsque cela arrive, et ça arrive presque toujours, nous passons alors davantage de temps à gérer l'équipe qu'à véritablement travailler. Je me dis que, même si ça a du bon, le travail en équipe est une énorme perte de temps. Mais, paraît-il, nous n'avons d'autre choix que de devoir apprendre à travailler en équipe.

À l'école de la vie

Comme l'a affirmé notre professeur de management sur un ton qui ne laissait place à aucune discussion : « Dans la vraie vie, il est révolu le temps de jadis et de naguère, ce temps d'alors où, dans la douce intimité de son confortable et superbe bureau, le gestionnaire prétendument omniscient prenait seul les décisions qui engageaient tout le destin de son entreprise. Le monde contemporain auquel vous voulez contribuer est maintenant beaucoup trop complexe pour que cela soit encore possible et viable pour l'entreprise. Personne ne peut avoir à lui seul tout le savoir requis pour composer avec succès avec la complexité de notre monde. De nos jours, il faut se mettre à plusieurs pour escompter n'avoir qu'une mince parcelle de succès. À n'en pas douter, vous aurez à œuvrer au sein d'équipes de travail, que ce soit sous la forme de gestion de projet, de conseil de direction, de comités de toutes sortes ou de simples et banals groupes de travail, alors il vaut mieux vous y préparer dès à présent. Il vous faut développer les habiletés requises pour le travail en équipe. Je sais, vous vous dites, selon l'expression populaire, "qu'il n'y a rien là", que c'est tout simple, que vous l'avez déjà fait si tant tellement plus de fois que c'en est devenu une routine, une seconde nature, et que si j'en fais tout un plat, ce n'est finalement que pour vous mettre davantage de pression sur les épaules ou tout bêtement pour vous garder en éveil. Détrompez-vous. Travailler en équipe est très exigeant, cela commande de la réflexion, des habiletés, un certain savoir-faire et même un évident savoir-être. D'une certaine façon, pour ne pas dire d'une façon certaine, en vous obligeant à réaliser des analyses de cas en équipe, nous vous offrons une occasion en or de déjà pratiquer la gestion et d'y exercer votre leadership. Travailler en équipe sera pour vous un véritable test et c'est à vous, et à vous seul, de le réussir, pas pour moi, pour vous. Année après année, plusieurs étudiants nous disent que, somme toute, la gestion n'est qu'un énorme ramassis de gros bon sens enrobé de quelques habiletés naturelles et que nous, les professeurs, prenons un malin plaisir à rendre si complexe à saisir en y ajoutant concepts et théories. Peut-être, en effet, aimons-nous inutilement complexifier le réel, mais vous constaterez très vite qu'il n'est pas pour autant inutile de développer des habiletés qui, aujourd'hui, vous semblent anodines. Dans cette classe, il y a de futurs gestionnaires, c'est sûr, mais il y a aussi des étudiants qui n'en seront jamais. C'est donc le temps de faire vos preuves, de décider dès aujourd'hui si vous voulez devenir gestionnaire, en fait, de découvrir si vous l'êtes déjà.»

Être la mesure de toute chose

Si son envolée oratoire n'avait rien de particulièrement lyrique ou poétique, elle nous a tout de même tous secoués, ce qui devait bien en être le but premier. Nous venions à peine de commencer nos études que déjà nous étions mis au défi d'être ce que nous voulions devenir, pire, de découvrir qui nous étions véritablement. Nous avions, d'entrée de jeu, l'obligation de nous dépasser, de déjà ne plus être des étudiants, mais bien les gestionnaires que nous voulions être ou que, sans le savoir, nous étions peut-être déjà. Notre professeur nous mettait au défi de nous mesurer à nous-mêmes et j'allais le relever, je le voulais, je le pouvais et, de toute façon, il le faudrait bien si je voulais survivre à ce premier semestre. Rapidement, j'ai donc compris que ce défi n'était pas qu'académique, que l'enjeu ne se réduisait pas à une note au bas d'un rapport produit par une équipe. Nous devions faire nos preuves, nous devions découvrir qui nous étions vraiment et pas seulement ce que nous faisions et ce que nous voulions être. Oui, le semestre s'annonçait tout aussi excitant cognitivement qu'exigeant émotionnellement.

Avec le recul réflexif et en maniant le cynisme qui trop souvent me sert de bouclier protecteur, je me dis qu'il avait peut-être et même sûrement raison, mais que le travail en équipe devait aussi s'inscrire dans une quête nettement moins noble, à savoir diminuer sa charge de travail en matière de correction, histoire qu'il puisse consacrer davantage de temps à sa véritable passion, la recherche. Mais peu importe mes toujours très ironiques pensées protectrices, ça ne changeait rien à notre problème. Nous n'avions pas le choix et, de toute façon, travailler en équipe me paraissait être une bonne manière de gagner ce précieux temps qui me faisait si cruellement défaut. En effet, plutôt que de devoir faire seuls de longues analyses, nous pouvions les faire à plusieurs, mieux, nous pouvions nous diviser le travail et ainsi nous en répartir la charge et diminuer d'autant le fardeau individuel. Travailler en équipe ne serait donc pas plus mal, tout au contraire : nous serions aussi gagnants qu'il l'était, puisqu'en échange d'un peu moins de correction, il nous gratifiait, en fait, d'une moindre charge de travail. Voilà qui me paraissait très équitable et me comblait totalement. Si tous les cours pouvaient être comme celui-là, me disais-je alors, la vie étudiante s'en trouverait grandement bonifiée. Je ne le savais pas encore, mais j'étais à des années-lumière de la vérité. J'aurais pourtant dû me méfier. Mulder ne nous avait-il pas appris dans ses *X-Files* que « la vérité est ailleurs » ? En effet, elle l'est, à tout le moins en ce qui concerne les analyses de cas de management en petits groupes.

La chouette équipe : entre l'espoir et l'angoisse

Au terme de notre première séance de cours, le professeur nous a dit que nous devions avoir constitué notre équipe de sept membres pour le début de la prochaine séance. Il n'y avait donc pas une seule seconde à perdre. Je devais rapidement me trouver une équipe avant qu'elles ne soient déjà toutes formées et que je ne me retrouve *de facto* orphelin ou, pire, *reject*. Mon regard a donc instantanément croisé celui de Jean, le seul qui, dans tout le groupe, m'était familier. Je ne peux pas dire que c'était un ami, mais au moins je le connaissais pour l'avoir déjà entraperçu dans quelques cours au collégial. C'était rassurant de pouvoir compter sur lui et j'ai d'ailleurs tout de suite lu dans son regard qu'il partageait mon soulagement. À deux, nous allions pouvoir convaincre sans grande difficulté cinq autres étudiants de s'allier à nous pour ainsi former une chouette équipe qui serait tout à la fois productive et conviviale. Comment les choisir ? Qui devions-nous approcher ? Pourquoi prendre les devants et risquer de faire les mauvais choix, ou pire, de se faire dire non ? N'était-il pas plus sage d'attendre d'être courtisés ? Le serions-nous ? Comment savoir que les choix seraient les bons ? À qui, à quoi devions-nous nous fier ? Devions-nous nous en remettre à de vagues et toujours imprécises intuitions ? Quels devaient être nos critères de choix ? Mais à trop se poser de questions, ne risquions-nous pas de nous retrouver sans équipe ?

L'équipe n'était même pas encore formée que cela me paraissait déjà être une montagne infranchissable. Comme toujours, je compliquais tout et rien, puisque l'équipe s'est naturellement constituée, presque par magie, sans même, en fait, que j'aie eu le temps de finir de réfléchir et d'angoisser, ce qui, paradoxalement, était tout à la fois très rassurant et sacrement anxiogène. Avions-nous fait le bon choix ? Aurions-nous une bonne équipe ? Allions-nous bien nous entendre ? Serions-nous tout à la fois conviviaux et productifs ? Je sais bien qu'énoncées en ces termes, mes questions donnent l'illusion que je suis vaguement anxieux et un brin parano, mais, en fait, je ne faisais que prendre très au sérieux la remarque de notre «intégrateur» qui, lors des journées d'initiation des petits nouveaux, nous avait bien mis en garde contre les aléas du travail en équipe : «Avoir une bonne équipe fait toute la différence entre le succès et l'échec. C'est le pilier social sur lequel tout le reste de l'édifice repose. Quand ça va mal, on peut toujours compter sur les membres de l'équipe ; bien sûr, ce n'est vrai que si c'est une bonne équipe. Dans le cas contraire, c'est vraiment le début des troubles, des grands troubles. Je le sais parce que moi, l'an dernier, je suis très mal tombé et puisque j'avais la même équipe dans plusieurs cours, j'en ai bavé partout. Je me suis retrouvé au sein d'un groupe d'analphabètes, de *zoufs,* de joyeux perdus et de *free riders.* Pour m'assurer que nos travaux soient tout juste potables, j'ai dû me taper, seul, tout le boulot. Cela m'a d'ailleurs valu l'étiquette de *nerd,* et de *téteux* de professeurs. Ce n'était pas le cas, vraiment pas. Je n'ai jamais couru après les A+, mais je ne cherchais pas pour autant à récolter des D, ou pire, des E. Vous pensez peut-être que je blague, mais vous allez très vite vous rendre compte que j'avais raison.»

J'avais beau me dire que notre intégrateur en mettait trop, que c'était son rôle de nous effrayer et qu'il prenait son plaisir dans notre anxiété, il reste que je me disais également qu'il devait sûrement y avoir un zest de vérité dans tout cela, ce qui n'arrangeait pas mon niveau anormalement élevé d'angoisse. Bon, mais après tout, peut-être que tout irait pour le mieux dans le meilleur des mondes. Comment le savoir ? Quoi qu'il en soit, j'avais une équipe à laquelle j'étais soudé, pour le meilleur comme pour le pire. Elle s'était peut-être constituée sur un coup de dés, mais qui dit qu'il est impossible d'être chanceux ? Oui, oui, je me disais alors que tout irait bien et que finalement ce n'était pas plus mal de me retrouver au sein d'une équipe dans laquelle je ne connaissais qu'un seul membre. Cela me donnerait l'occasion de découvrir d'autres personnes, de cultiver des amitiés nouvelles. Ne pas choisir avait sûrement été le bon choix. Mon équipe, notre équipe, allait être une chouette équipe. Avec Maria, Laurence, Jean, Sophie, Nathaniel et Claudia, j'allais passer du bon temps, du moins je l'espérais. En fait, je le saurais bien assez vite, car nous avions à remettre une analyse de cas dans deux semaines. Oui, dans une grande école, nous n'avons jamais le temps de souffler, pas surprenant que nous soyons toujours à bout de souffle, à la limite de l'épuisement professionnel, et qu'à Noël nous soyons déjà tous verdâtres, pour ne pas dire vaguement cadavériques.

CHAPITRE 3

Le cas : du mystère à l'angoisse

S i le fait de m'être trouvé aussi rapidement une équipe avait de quoi me rassurer, je ne pouvais en dire autant du travail à faire. Je voulais bien faire confiance au professeur et reconnaître que les cas seraient un révélateur ontologique, qu'ils nous aideraient à nous prouver qui nous étions, qu'ils nous feraient découvrir si nous étions virtuellement ces gestionnaires que nous aspirions à devenir, que nous allions forcément devenir. J'étais donc prêt à jouer le jeu du cours, à me laisser happer par sa logique des cas, mais ces derniers restaient pour moi un grand mystère et, sans cette connaissance, tout mon être de gestionnaire virtuel résistait à sa propre révélation et logeait plutôt dans l'obscurité la plus totale, ce qui, avec le recul réflexif, n'était finalement pas plus mal, voire très confortable. Toutefois, aussi naïf et enthousiaste que je puisse l'être, je voulais tout de même savoir et utiliser cette connaissance pour être qui j'étais et qui j'allais devenir. Je tenais à comprendre ce qu'était un cas, mais j'hésitais à briser le murmure qui, dans la classe, faisait de plus en plus obstacle à la communication. Je ne devais d'ailleurs pas être le seul dans cet insoutenable état d'attente où la curiosité se mêlait à l'angoisse, mais je préférais ne rien dire et m'abriter derrière le murmure plutôt que de me lancer dans l'arène discursive. Je voulais savoir, mais pas au point de poser une question et d'ainsi révéler à tous mon ignorance et ma fragilité. L'ignorance était de loin préférable. Il était hors de question que je subisse le regard du professeur et surtout le jugement de mes pairs. C'était donc un de ces moments de la vie académique où la posture toute zen qui consiste à se couper de son être pour atteindre la douceur surréelle du nirvana s'imposait et au diable le savoir et sa prétention à tout résoudre, à tout révéler. Connaître n'est d'ailleurs que de la vanité et c'est très précisément en me coupant de ce genre de sentiment humain qu'il était possible d'atteindre un niveau supérieur de sagesse et d'y récolter dans le plus grand calme une douce paix intérieure. Comme toujours, j'aimais me bercer de ce genre d'illusions et ainsi endormir le doute réflexif, tout en sachant fort bien que ce retrait émotif n'avait rien de la sagesse, mais témoignait plutôt d'une certaine forme de fuite. J'en éprouvais d'ailleurs le désagréable sentiment de me comporter à la manière de cet *homo economicus,* cette fiction heuristique qui anime nos cours d'économie, cet être unidimensionnel mû par la poursuite sans fin de son seul intérêt purement égoïste. Je voulais savoir, c'était dans mon intérêt de savoir, mais je me disais qu'inévitablement, quelqu'un d'autre accepterait de poser la question que je me refusais à poser. Il me suffisait d'être patient et je serais gagnant sur tous les tableaux. J'aurais la réponse à ma question, sans subir le regard des autres. C'était tout bénéfice, il suffisait d'y mettre le temps, d'être patient.

Une chance que dans notre groupe se trouvait ce que l'on retrouve dans toutes les classes de toutes les universités du globe, nommément un « téteux », l'élève modèle, le chouchou, celui ou celle qui, par ses questions, a l'art de combler les professeurs d'un subtil et infini ravissement. Ceux-là, que nous aimons tant dénigrer et qui trop souvent nous pompent l'air en monopolisant le temps de parole, savent néanmoins nous rendre parfois service avec leurs questions posées dans le seul but inavouable de mettre en valeur le professeur et, par ricochet, eux-mêmes. Cette fois-ci n'a pas fait exception à cette règle de la vie en société. Assis au tout premier rang, comme il se doit, notre flagorneur local a posé, tout heureux, la question que nous voulions tous poser, mais n'aurions osé poser sous peine d'être très précisément taxé de *téteux* : « Qu'est-ce qu'un cas ? » Quel ne fut pas mon soulagement qu'enfin la question soit posée. Ce fut même un double soulagement que de constater qu'elle le fut par nul autre que notre toujours et très tendre et délicat obséquieux maison. Il méritait vraiment sa réputation, celui-là, et même si sa question ne pouvait mieux tomber, il n'en demeurait pas moins un *téteux.* C'est une question d'ontologie, lorsqu'on est *téteux,* c'est pour la vie et on n'y peut rien. C'est dommage, c'est triste et injuste, mais c'est comme ça. En matière d'ontologie, on n'y peut rien. Il faut s'assumer et tant pis si ce n'est ni simple ni plaisant. Cela dit, je dois bien reconnaître que, là, je suis un brin sarcastique. Nous l'aimons bien, notre spécialiste de la lèche, et il n'est pas du tout mis à l'écart du groupe. Bien au contraire, nous en prenons le plus grand soin. Il faut dire qu'il nous est si utile qu'il faut savoir le ménager, c'est-à-dire lui témoigner une certaine appréciation tout en lui faisant bien sentir qu'il nous agace. Je sais bien que formulé comme cela, ça semble contradictoire, mais c'est qu'il faut toujours se méfier de ces étudiants qui peuvent très vite devenir totalement envahissants. Il suffit de leur entrouvrir la porte et voilà qu'ils meublent tout l'espace et ne décollent plus. Il vaut donc mieux y aller avec beaucoup de prudence et de doigté. Avec eux, il faut savoir souffler tout à la fois le chaud et le froid pour les embuer dans une relation où seule l'ambiguïté tient lieu de lien social.

Il était une fois...

«Que voilà une excellente question qui mériterait, pour vraiment lui rendre justice, que nous y consacrions toute une séance du cours.» Visiblement, notre *téteux* avait fait mouche et il en frétillait de bonheur. Il ne tenait plus en place et son sourire complaisant disait tout de son ravissement intérieur. C'était son heure de gloire et, bien sûr, il n'en tirerait aucun bénéfice de notre part, ou si peu. Si sa question nous aidait tous, elle le confirmait surtout dans son rôle social de faire-valoir du professeur, de sous-tapis de la chose pédagogique, de flatteur des puissants de ce monde. Ce n'était peut-être pas le plus noble des rôles sociaux, mais c'en était un et il lui convenait à merveille.

Manifestement très inspiré par la question, notre professeur s'est alors lancé dans une histoire sans fin, digne des discours-fleuves de Fidel Castro sur la place de la Révolution un 1er mai. «Oui, il nous faudrait y mettre le temps, mais voilà, comme nous le disent nos collègues économistes qui n'en sont décidément pas à une évidence près, le temps est une ressource rare qu'il convient de gérer avec parcimonie. Nous irons donc à l'essentiel. Cela dit, pour vraiment y parvenir, permettez-moi un très petit détour historique. Je sais, cela vous paraîtra inutile, mais vous le constaterez, ce modeste petit survol historique s'impose si nous voulons vraiment saisir l'essence même de cet objet a priori banal et anodin qu'est un cas.»

J'ai toujours eu une sainte horreur de ces détours qui n'en finissent plus de nous perdre et parviennent, en effet, à nous perdre. Pourquoi nos professeurs ne se contentent-ils pas de simplement répondre directement à nos questions? Pourquoi multiplier les prolégomènes, anecdotes et autres détours discursifs? Ont-ils peur que nous doutions de leur savoir? Pensent-ils que des réponses courtes et précises sont le témoin d'un manque d'érudition? Peu importe, lorsqu'ils se mettent en marche, plus rien ne les arrête et nous n'existons plus, ou si peu. En fait, nous devenons un auditoire anonyme, un vaste réservoir informe où l'écho de leur voix se répercute et vient flatter, en retour, leurs oreilles charmées par tant de subtilités théoriques et d'intonations rhétoriques. Ça se voit à leur regard qu'ils aiment s'écouter et que c'est même là un plaisir de chaque instant. Une véritable libido discursive, un genre de plaisir solitaire qu'ils ne peuvent toutefois s'empêcher d'assouvir en public. Si nous témoignons le moindre intérêt d'un hochement de tête, d'un sourire approbateur ou d'une écoute un tant soit peu attentive, nous avons alors droit à la version longue de l'histoire. Si, au contraire, nous prenons la posture de ceux et celles que ça n'intéresse pas, c'est pire, puisque tout le charme discret de la bourgeoisie rhétorique s'effrite et laisse place aux menaces à peine voilées, au discours moralisateur, à la subtile référence aux examens qui viennent, etc. À tout prendre, il vaut toujours mieux jouer le jeu et se laisser séduire. Même que parfois, ce jeu de la séduction porte ses fruits. Il arrive, en effet, que, portés par nos tacites encouragements, nos professeurs se laissent aller à la confidence et nous livrent quelques précieux secrets. Je sais bien que c'est plutôt rare, mais le simple fait de savoir que cela peut se produire stimule notre écoute. De toute façon, nous n'avons pas vraiment le choix, alors contre mauvaise fortune, il vaut mieux faire bon cœur.

«Qu'est-ce qu'un cas? En fait, c'est tout à la fois désarmant de simplicité et horriblement complexe. Pour bien saisir ce qu'ils sont, ce qu'ils sont vraiment, il nous faut remonter le temps, et par le grand mystère de cette filiation historique nous pourrons recréer ce temps béni de leur création. Là, immergés dans l'histoire, les cas qui vous paraissent n'être que des anecdotes écrites par des écrivains manqués reprennent leurs droits et redeviennent l'objet noble qu'ils furent jadis. L'histoire commence au début du xxᵉ siècle dans une douce et très champêtre banlieue cossue de Philadelphie. Pour être plus précis, l'histoire s'amorce à Germantown au printemps de 1908. Ce jour-là, une rencontre entre deux universitaires de la très austère université Harvard et un célèbre ingénieur industriel allait changer le cours de l'histoire universitaire. Ainsi, alors qu'il s'était paisiblement retiré dans ses terres, loin de la fureur, de la hargne, de la suspicion et des vifs conflits qu'avait générés l'introduction de son système scientifique de gestion du travail dans les ateliers de la côte est américaine, Frederick Winslow Taylor reçut chez lui Wallace C. Sabine, doyen de la *Graduate School* de Harvard, et Edwin F. Gay, professeur et directeur du département d'économie de la même institution. Comme tant d'autres avant eux, ces deux universitaires venaient prendre conseil auprès du maître incontesté du management de l'époque dans ce qui prenait des allures d'audience toute vaticane. Toutefois, à la différence des habituelles discussions sur les avantages et les inconvénients de ses techniques d'organisation scientifique du travail en atelier et de ses conséquences sur la productivité et les relations de travail, la rencontre tourna plutôt autour de la pertinence de mettre en œuvre un programme d'études de niveau universitaire en gestion, programme dont l'œuvre de Taylor tiendrait tout à la fois le rôle de fondement et de fil conducteur. Malgré les réticences exprimées par le grand maître, qui croyait plutôt que la gestion ne pouvait s'apprendre que sur le plancher des usines concrètes, le doyen de Harvard décida tout de même de fonder une école spécialement dédiée à l'enseignement de la gestion. La célèbre *Business School* de Harvard voyait le jour et le MBA prenait corps. Restait, toutefois, à tirer profit des enseignements du maître. Comment enseigner cet art pratique qu'est la gestion au sein d'une institution reconnue pour la qualité de son enseignement théorique? Comment former des gestionnaires sans à la fois pervertir la réalité très pratique de ce métier et corrompre la quête de vérités universelles propre à l'institution universitaire? Comment réconcilier la théorie et la pratique de façon à former des gestionnaires qui seraient tout à la fois pragmatiques et sensibles aux enjeux intellectuels que soulève l'exercice concret de la gestion? Vous l'aurez compris, la naissance de l'enseignement du management n'allait pas de soi et il était capital que les premiers pas soient les bons.

«Ce débat n'était pas sans évoquer celui animé par Socrate, qui jadis eut à trancher la discussion entre l'intellectuel Nicias et le pragmatique Lachès sur les mérites de l'apprentissage de l'escrime dans l'éducation des jeunes de la cité. Comme nous le savons, Socrate n'a finalement pas tranché le débat, il ne l'a que poussé à son extrême limite en multipliant les questions et en forçant les protagonistes à entrevoir eux-mêmes les limites de leurs opinions, qu'elles soient théoriques ou empiriques. La méthode des dialogues socratiques, la maïeutique, est précisément ce qui a inspiré la démarche pédagogique des professeurs de Harvard. Selon eux, le cas serait l'occasion d'engager le dialogue, de soulever des questions, d'entrevoir les limites des opinions toutes faites. D'entrée de jeu, le cas fut donc l'objet transitionnel qui, par sa seule présence, pouvait mettre les étudiants en contact avec la réalité toute pratique du monde de la gestion. En outre, en misant sur la maïeutique, il était possible d'obliger les étudiants à se dépasser, à transcender leurs préjugés, à questionner leurs opinions et à s'ouvrir à l'importance d'un véritable dialogue.

«Tout comme à l'époque de leur introduction dans le programme de MBA de l'université Harvard, le cas va donc nous servir d'objet transitionnel, de point de passage commun entre nous et le réel. Il me faut toutefois préciser que notre situation sera quelque peu différente de celle des étudiants de Harvard. En effet, à l'origine, les cas y furent utilisés dans les classes de MBA, et il faut savoir qu'aux États-Unis, jusqu'à tout récemment, l'enseignement de la gestion était strictement réservé à des étudiants ayant déjà une formation de premier cycle universitaire dans une discipline autre que la gestion et qui, de plus, possédaient une excellente expérience de la gestion. La combinaison de ces deux caractéristiques concourait bien évidemment à faire des cas un objet approprié d'apprentissage. En effet, par leur formation universitaire, les étudiants avaient déjà acquis et développé les capacités analytiques que requiert l'analyse de cas et, par leur expérience, ils comprenaient très vite la réalité des cas et la pertinence de les étudier. Pour ces étudiants, un cas n'était pas qu'une description froide d'un milieu organisé, ni une anecdote simpliste et sans intérêt, mais bien une occasion de se remémorer des situations ou alors, par raisonnement analogique, un moyen de réinterpréter des expériences similaires qu'ils avaient vécues. En outre, puisque la classe de MBA met en présence une diversité d'étudiants aux formations et aux expériences variées, les discussions autour des cas étaient toujours riches. Elles étaient en quelque sorte enrichies de la variété des regards théoriques conséquents de cette diversité des formations et portées par le choc des expériences des uns et des autres. Enfin, dans ces classes, il n'y avait nul besoin de rappeler l'importance du jugement et le fait qu'un cas n'était que l'occasion de le mettre à l'épreuve. Pour avoir déjà pratiqué la gestion, tous savaient bien l'importance qu'y tenait le jugement et, s'ils se retrouvaient à nouveau sur les bancs d'école, c'était précisément pour l'enrichir des expériences des autres tout en recherchant, comme vous tous, des techniques et des savoirs formels dont nous, les professeurs, sommes si friands. »

L'expérience des uns et le savoir des autres

À l'écoute de son exposé sur l'origine des cas, je comprenais bien toute la distance qui me séparait des étudiants de MBA. Je n'avais ni expérience pertinente ni formation universitaire préalable. Et là, je n'évoque même pas ce jugement qui paraissait être une affaire d'expérience, l'histoire d'une vie qui viendrait donc en son temps. Il y avait de quoi être découragé, voire frustré que nos professeurs utilisent un outil pédagogique pour lequel nous n'étions absolument pas préparés et pour lequel nous n'avions visiblement pas les compétences, ni la maturité du reste. J'allais, pour l'une des premières fois de ma vie d'étudiant, lever la main et lui exposer mes sentiments lorsqu'il devança mes objections par un tour de passe-passe dans lequel il semblait être passé maître. En fait, notre professeur pratiquait un véritable judo pédagogique qui consistait à prévoir les coups avant qu'ils ne viennent et à utiliser leur force potentielle pour nous terrasser. Quoi qu'il en soit, il nous dit : « Plusieurs dans cette classe doivent maintenant se dire qu'ils ne sont pas faits pour la méthode des cas et que, puisqu'elle n'a pas été pensée pour eux, il vaudrait mieux s'en tenir à autre chose, aux exposés théoriques par exemple. Je sais bien, pour avoir déjà, moi aussi, été un étudiant, que ces exposés sont très rassurants. Ils misent sur la raison et c'est ce que nous tous avons appris à tant valoriser. Avoir accès au savoir est même une source de motivation qui explique la fréquentation de l'université, que nous désignons souvent comme un lieu de haut savoir. Je sais, je sais très bien tout cela, mais une école de gestion est à la fois cela et autre chose. Et, comme je vous l'ai dit, pour devenir gestionnaire, il faut oser l'être, l'être déjà.

«Vous n'avez peut-être pas une longue expérience de la gestion, mais vous n'en avez pas moins une histoire de vie, vous avez déjà travaillé, plusieurs, je l'ai évoqué, travaillent concurremment aux études et, tous, vous êtes confrontés aux organisations et à leur gestion qui, dans notre société moderne, sont omniprésentes et en sont même au centre. Ce savoir que vous avez, cette expérience de vie, il vous faudra maintenant y avoir recours. Vous pourrez le mettre en valeur par l'analyse des cas. Avons-nous besoin d'une longue expérience de gestionnaire pour savoir l'importance de la qualité, pour comprendre que les humains aiment être traités humainement, pour saisir le caractère compétitif de notre monde? Non, en effet, et tout ce savoir est là, enfoui en vous, et c'est le rôle des cas que de servir de déclencheur, d'occasion qui permet de le réveiller et de le mettre en action. C'est votre rôle de le mobiliser, de lui donner du relief et de l'envergure, d'en cerner les potentialités et les limites. Il faut miser sur vous et votre savoir et cesser d'attendre que je vous livre des secrets et des recettes. Dans le monde très concret de la gestion, les recettes ne vous seront pas d'une bien grande utilité alors que votre jugement vous permettra d'y faire vos marques.

«Mais, me direz-vous encore, nous n'avons pas pour autant une formation universitaire préalable et nos discussions ne pourront se trouver enrichies du choc des regards théoriques des uns et des autres. Là aussi, vous avez tort. Plusieurs d'entre vous ont des parcours collégiaux différents et il ne s'agit surtout pas de les gommer. Au contraire, il faut, eux aussi, les réveiller et les mettre en action. Vous pouvez utiliser ce que vous avez appris au collégial, les acquis des cours de philosophie, de sociologie, de sciences politiques et même de physique et de chimie. De plus, vous n'avez pas à cloisonner votre imaginaire et ce que vous apprenez dans les autres cours à l'école peut très bien vous être utile dans cette classe. Vous avez donc déjà de l'expérience et des cadres théoriques pertinents pour l'étude de cas. Il vous suffit de mettre votre surmoi académique au repos, de vous autoriser à faire usage de tout votre savoir et tout ira pour le mieux, vous verrez, faites-moi confiance. En fait, non, faites-vous confiance.»

L'auberge espagnole

Ses appels répétés et plus que redondants à notre confiance avaient fini par complètement miner la mienne et, je le voyais bien dans le regard de plus en plus hagard des autres étudiants, je n'étais visiblement pas le seul à angoisser et à me demander ce que nous aurions à apprendre de nos discussions autour des cas. Que pouvions-nous donc apprendre d'un cas? Y avait-il vraiment là quelque chose à apprendre? C'était bien gentil de nous dire que nous devions mobiliser notre expérience et notre savoir, mais ça ne nous disait toujours pas ce qu'était un cas et, là-dessus, notre professeur était plutôt sibyllin. Nous ne pouvions que formuler des hypothèses, construire des déductions à partir du constat que nous en étions la matière première. Un cas n'était donc qu'une occasion qui faisait de nous des larrons. De manière plus romantique, si je comprenais bien ce qu'il y avait à comprendre, un cas était en quelque sorte une auberge espagnole. Nous ne pouvions y trouver que ce que nous allions y apporter. Mais qu'allais-je donc trouver dans cet obscur objet que je ne sache déjà? Pourquoi devrais-je chercher dans le cas ce que de toute façon je possédais déjà? Oui, les cas étaient vraiment de bien curieux objets. Ils n'étaient pas des parcelles de théories ni des descriptions fidèles de la réalité. Bien sûr, puisque rien n'échappe au regard théorique, il était évident que les auteurs d'un cas devaient bien poursuivre des objectifs théoriques et qu'au terme de son analyse, nous devions pouvoir mettre au jour l'éclairage concep-tuel qui avait présidé à sa conception. Mais était-ce le but recherché? Le pro-fesseur ne nous avait-il pas dit que nous n'allions trouver dans le cas que ce que nous consentirions à y apporter? Il était donc inutile de chercher le modèle théorique implicite, la théorie qui forcément se dissimulait sous le cas, derrière l'histoire. Le cas serait donc plutôt une mine d'informations empiriques, des exemples, des descriptions de situations qui pourraient venir gonfler notre répertoire de situations connues. Un cas ne serait donc que cela, une histoire, une parcelle de réalité, un exemple, une anecdote. Mais cela ne pouvait être aussi simple, puisque la description n'est rien sans notre propre regard. Comme le professeur nous l'avait dit, un cas n'est qu'une occasion, un déclencheur d'émotions, de souvenirs et de réflexions.

Plus je réfléchissais à la réalité des cas, moins j'y comprenais quoi que ce soit. Je voulais bien participer à l'auberge espagnole, mais là, je ne savais vraiment pas où la trouver, ni même ce que je pourrais y apporter et y bouffer. J'en étais à bouffer mes émotions et ce n'était pas particulièrement génial.

CHAPITRE 4

L'analyse de cas : de l'angoisse à la méthode

S avoir ce qu'était un cas n'avait finalement que semé davantage de confusion dans mon esprit déjà tout embrouillé. Le savoir n'avait décidément pas les vertus thérapeutiques que j'imaginais. Plus j'en apprenais, pire était mon angoisse. Mon territoire d'ignorance s'étendait maintenant à perte de vue et comblait tout l'espace, même au-delà. Je devenais un terrain vierge dont la semence d'un nouveau savoir ne faisait qu'étendre la superficie. Moi qui avais toujours cru en cette fable du savoir qui vient combler des parcelles d'ignorance, je me sentais floué. Le savoir n'était qu'un révélateur d'ignorance, rien de plus. Une fois que l'on sait, on ne peut plus plaider l'innocence, on ne peut plus faire comme si on ne le savait pas, car on sait. Même le fait de savoir que l'on ne sait pas est déjà une forme de savoir, une source d'angoisse. Pas moyen donc d'échapper au piège du savoir. En fait, le savoir avait une autre propriété, il créait une dépendance cognitive. Le savoir appelle le savoir dans une quête spiroïdale sans fin. Je savais que le savoir m'angoissait, mais je voulais en savoir plus, toujours plus et encore davantage. Un peu comme dans ces romans où nous redoutons ce qui va arriver, mais où nous ne pouvons résister à en savoir davantage, au risque même d'être déçu. Je voulais donc savoir comment traiter ces cas. Je voulais ce savoir, même si je me doutais bien qu'il serait, lui aussi, source d'angoisse et de nouvelles questions. Je n'allais pas être déçu. En fait, c'était bien au-delà de mes espérances. Mieux aurait valu ne rien savoir, mais je ne pouvais faire marche arrière. Dans l'univers cognitif, la stratégie de l'autobus qui consiste à « avancer vers l'arrière » est impraticable. Une fois croquée, la pomme du savoir ne peut plus être ce qu'elle était et son consommateur n'a d'autre choix que de la digérer.

Une affaire de jugement

Comment, concrètement, devions-nous analyser un cas de management? Que devions-nous faire? Selon notre professeur, cela n'était que l'enfance de l'art, l'abc du management. À l'écouter, j'en perdais toutefois mon latin et je me sentais propulsé dans les hautes sphères où j'étais réduit au rang des incultes et des ignares en manque d'oxygène.

«Vous devez, disait-il, tout simplement faire preuve de jugement, cette faculté propre à l'esprit humain qui consiste à apprécier un réel incertain, complexe, flou, qui ne se réduit pas à une connaissance théorique, au sens commun ou à une démonstration logique et qui, de ce fait, commande du discernement, de la finesse, de la perspicacité, du flair, de la lucidité et une subtile intelligence autant émotionnelle qu'intellectuelle et sociale. Le jugement est un savant dosage «expérientiel» fait de savoir tacite et de connaissances explicites. Si les secondes sont facilement accessibles (les livres en sont remplis), on ne trouve toujours pas les mots pour dire le premier. Le savoir tacite est pourtant au cœur du jugement. Il est à la base de tous nos savoir-faire et bien qu'il soit confiné dans l'ombre de notre réflexivité, il n'en est pas moins présent et toujours décisif. C'est, notamment, en le mobilisant dans l'action que nous pouvons intuitivement comprendre que quelque chose va bien ou mal et c'est très largement que vous mobiliserez ce savoir pour établir de bons diagnostics.»

En écoutant ainsi notre professeur expliquer l'importance de ce qu'il nommait «le savoir tacite», je me disais qu'une fois encore et maintenant sans surprise, il s'envolait vers cette obscure contrée où il était le seul à se comprendre. Ne pouvait-il s'exprimer clairement? Ne souhaitait-il pas être compris par tous? Visiblement, cela ne semblait pas être le cas, et ce qu'il évoquait en termes pour le moins confus, notre capacité tacite à savoir que quelque chose n'allait pas sans trop savoir ce qui n'allait pas, était très précisément ce que je ressentais face à ce qu'il disait. Comment pourrais-je savoir que je savais alors même que je ne savais pas ce que je savais? Plus j'essayais de comprendre ce qu'il disait, moins je comprenais et ça, j'en étais sûr, je le savais. J'aurais voulu le lui dire, partager mon malaise, mais je ne trouvais pas les mots pour l'exprimer et, là, ça n'avait strictement rien à voir avec un quelconque savoir tacite. Je n'avais qu'une certitude et c'était que, tacitement, je savais que je ne comprenais rien à ce savoir tacite dont il faisait pourtant l'éloge. Comment, dans ces conditions, pourrais-je réaliser les analyses de cas qui, disait-il, se fondaient largement sur notre savoir tacite? À ce moment précis, j'aurais voulu lui poser la question, mais pour lui, la classe semblait ne plus exister. Il n'en avait que pour ses très savantes explications dont il tirait un malin plaisir. Cela dit, et de manière plutôt paradoxale, chaque fois que j'avais l'impression que notre professeur nous perdait de vue, il avait l'art de nous surprendre avec une remarque qui témoignait plutôt de sa capacité à saisir notre état d'inconfort et de confusion. Cette fois-ci, il nous avait donc encore surpris en nous disant : « J'admets que tout cela peut vous paraître un brin confus et obscur, mais il ne faut surtout pas vous en faire, car ce légitime sentiment d'inconfort n'est qu'une conséquence non intentionnelle du caractère très largement inconscient de ce savoir tacite qui guide nos interactions et leur donne du relief. Je ne doute donc pas, par ailleurs, que plus d'un dans cette classe se trouverait plutôt rassuré de pouvoir compter sur un savoir purement explicite, facilement assimilable par une étude minutieuse et rigoureuse, mais la vie n'est tout simplement pas faite comme cela. Bien sûr, ici et là, vous aurez à vous servir de théories très explicites, mais cela ne sera jamais suffisant pour fonder votre jugement. Il vous faudra faire plus et surtout mieux, il vous faudra mettre en action ce savoir tacite qu'au fil de vos expériences de vie, vous avez su construire, sans savoir que c'était ce que vous faisiez. Par nos discussions en classe, c'est aussi ce savoir que vous allez développer et ce que plusieurs vont interpréter comme du placotage collectif, comme une inqualifiable perte de temps, sera en fait l'occasion de tester votre jugement, de mettre en action votre savoir et de l'enrichir du fait même de cette immersion dans le débat collectif. Vous aurez peut-être l'impression de perdre votre temps, de ne rien apprendre, mais ce ne sera là que l'illusion de votre réflexivité toute moderne qui érige le seul savoir explicite en vérité universelle. Rien n'est plus faux. Le savoir explicite, ce savoir théorique qui est si rassurant par sa clarté et son apparente rigueur n'est toujours que l'infime partie du savoir dont chacun de nous a besoin pour agir avec efficacité. À l'école, nous ne pouvons vous enseigner le jugement, ça ne s'apprend pas dans les livres, ni sur le réseau électronique du reste. Nous pouvons certes vous expliquer théoriquement ce qu'est le jugement, mais nous ne pourrons jamais faire en sorte que cette explication puisse elle-même être source de jugement.

« Rassurez-vous, car nous pouvons toutefois créer le contexte de son développement et ainsi permettre que vous puissiez vous-même le cultiver. C'est d'ailleurs là l'ambition de la méthode des cas. C'est un contexte qui favorisera l'exercice de votre jugement et, n'en doutez pas, vous allez, parfois bien malgré vous et sans même y penser, ce qui est largement au principe de sa construction, cultiver votre jugement. Pour y arriver, il vous suffira d'y mettre du vôtre et de l'entraînement, de vous faire confiance et de faire preuve de méthode. Si votre part du contrat pédagogique consiste à vous investir dans le processus, la nôtre sera donc de vous former aux méthodes de gestion. Bien sûr, une méthode n'est jamais une panacée, ce n'est qu'un guide logique et imparfait constitué de procédures et de règles à suivre, mais qui peut néanmoins s'avérer fort utile à ceux et celles qui savent en faire usage avec sagesse, prudence et discernement. La méthode d'analyse de cas qui est au principe de notre cours vous servira donc de roue de secours, de guide pour vos investigations, de filet cognitif qui vous protégera du choc de la dure réalité de la vie administrative. Mais prenez garde, une méthode n'est qu'une méthode, rien de plus. Elle n'est jamais un substitut à votre jugement et il ne faudra pas l'ériger en parole d'évangile, ni vous empêtrer dans ses dédales techniques et procéduriers qui, suivis au pied de la lettre, pourraient à court terme bureaucratiser votre imaginaire et paralyser votre jugement. Une méthode n'est qu'un outil au service d'une fin, non une fin en soi. Cette dernière est, d'ailleurs, très précisément votre jugement et ce n'est certes pas le recours aveugle à une méthode purement technique qui en témoignera, bien au contraire. Cela dit, au début et en tenant compte de l'insécurité ontologique des uns et des autres, il peut être sage de prendre appui sur une méthode et d'ainsi vous laisser guider par sa froide et rassurante, mais toujours trompeuse, logique.»

Laissé à lui-même, notre professeur devenait donc un virtuose de la double contrainte qui, dès qu'il sentait que son propos nous enflammait, s'empressait de refroidir nos ardeurs. Il arrivait tout juste à nous convaincre de faire confiance au savoir tacite que nous avions sans savoir que nous l'avions, qu'il s'empressait de miner cette confiance en nous disant de ne pas nous en faire, puisqu'il allait nous offrir une méthode fondée sur un savoir clairement explicite. Voyant l'effet libérateur de cette annonce, il nous mettait en garde contre les effets pervers de l'usage d'une méthode dont il venait pourtant de vanter les mérites. Et j'imagine que dans ce jeu de tensions contradictoires, dans ce va-et-vient d'ambiguïtés, nous devions comprendre quelque chose. Finalement, plus notre professeur se faisait explicite sur notre implicite jugement et sur les bienfaits d'une méthode que nous devions maîtriser tout en la gardant à distance, moins il parvenait à me convaincre que j'arriverais à tirer quoi que ce soit des discussions en classe. En balayant le groupe du regard, il était visible que je n'étais pas le seul à douter de plus en plus de la pertinence de ce qu'il nous disait, ce qui, en y pensant bien, avait l'avantage de me rassurer. Toutefois, je ne pouvais faire autrement que de me dire que si le jugement ne pouvait s'apprendre et que si le professeur ne pouvait expliquer ce qu'il était ou, comme il l'affirmait, si son explication n'était d'aucune utilité pratique, alors n'étions-nous pas en droit de douter de la pertinence d'en parler? En outre, si la méthode qu'il évoquait était tout à la fois bonne et mauvaise, pourquoi devions-nous l'apprendre ? À quoi bon retenir tout ce qu'il nous disait si c'était pour finalement se contenter de faire le triste constat que tout ce que nous allions apprendre ne pourrait pas contribuer à développer ce jugement qu'il tenait pourtant en si haute estime ? Je ne savais plus si c'était le fruit d'une cogitation plus ou moins tacite, mais j'avais vraiment la nette impression que mon semestre serait long, nettement plus long même que ce que mes pires angoisses m'avaient conduit à penser.

Le destin de Prométhée : l'illusion technicienne

J'allais abdiquer et basculer dans de douces rêveries lorsque le professeur quitta le territoire obscur du savoir tacite pour nous conduire sur le chemin particulièrement chaotique de sa méthode de résolution de problèmes.

« Dans le cadre de notre cours, disait-il, l'accent portera sur la prise de décision. Vous devrez donc suivre une démarche rigoureuse de résolution de problèmes, démarche qui invite à l'action réfléchie. La méthode que nous suivrons sera constituée de trois étapes, à savoir le diagnostic de la situation, l'analyse des problèmes et leur solution. Les rapports d'analyse de cas que vous devrez me remettre devront s'articuler autour de ces trois étapes. Cela dit, puisque le management est d'abord et avant tout un art réflexif concret et contextualisé, plutôt que d'être évalués en fonction de l'application purement mécanique d'une méthode, aussi robuste soit-elle, vos rapports seront jugés autant au regard du réalisme de votre diagnostic et de vos solutions, de la finesse de votre analyse, du respect des données du cas et des cadres théoriques du cours qu'en fonction de la profondeur et de la justesse de votre jugement administratif.

« Bien que la réalité toute concrète de la gestion soit, comme nous l'avons évoqué, essentiellement une affaire de jugement et de savoir tacite, il peut être sage de plonger dans l'univers des cas armé d'une bonne technique d'analyse. Pouvoir compter sur la bouée de sauvetage que représente la technique d'analyse de cas sera d'ailleurs, pour la plupart d'entre vous, une bénédiction. Il faudra toutefois vous méfier de la technique, car elle exerce un tel attrait, elle sait si bien nous sécuriser, qu'il est très facile d'y laisser notre être et d'oublier qui nous sommes pour ne plus être que ce que nous faisons. La technique n'est pas notre être, elle est à peine un savoir-faire. Trop s'y investir, c'est renoncer à soi, à son jugement. La technique d'analyse de cas est notre créature et elle n'a pas à être aux commandes. C'est là, vous le constaterez très vite, une erreur que font de trop nombreux étudiants et que vous devrez éviter de faire.

« Si la technique d'analyse de cas, comme le sont toutes les techniques, est relativement simple à comprendre, d'où son intérêt premier, son usage l'est nettement moins. C'est d'ailleurs souvent ça le problème avec les techniques qu'on nous présente toujours comme allant de soi et facile d'usage. Connaître une technique, bien la maîtriser, donne toujours un sentiment de puissance et démultiplie notre confiance. C'est que la technique a un je-ne-sais-quoi de magique, elle semble toujours avoir réponse à tout. C'est là une illusion. S'enfermer dans la technique équivaut à s'en remettre au seul regard technicien, comme si le serpent technique se mordait la queue. En effet, en parfaite maîtrise de la technique, vous risquez de tout interpréter en termes techniques, de vouloir transformer le cas à l'étude en matériau premier de la technique plutôt qu'en objet d'interprétation et de jugement. Là, il faut bien en convenir, il ne s'agit plus de reconnaître que tous les problèmes ont forcément une dimension technique et qu'une certaine maîtrise technique s'impose, mais bien d'admettre que les techniques ont parfois le don d'emprisonner notre jugement, de le freiner et de le réduire à ses dimensions techniques. C'est d'ailleurs là un autre des pièges qui guettent tous les virtuoses des techniques. En parfaite maîtrise de leur technique et convaincus de ses bienfaits, les virtuoses risquent de ne voir qu'elles. Il faut toujours avoir en tête qu'acquérir la parfaite maîtrise d'une technique n'équivaut jamais à devenir un virtuose tout court et en tout.

« Il vous faudra donc apprendre à vous libérer de la technique d'analyse de cas et à faire ainsi le deuil de sa toute-puissance. Cela dit, et de manière encore paradoxale, vous ne pourrez vous en libérer qu'en la maîtrisant totalement. Je sais, c'est exigeant, mais c'est là le prix de la liberté. Mais le prix est encore plus élevé qu'il n'y paraît, car la seule maîtrise de la technique ne saurait suffire. Il vous faudra aussi la subordonner à votre jugement, il vous faudra mettre la technique à votre service, plutôt que l'inverse. »

Selon notre professeur, nous devions donc toujours nous en remettre à notre jugement, et j'allais suivre son précieux conseil. J'analyserais les cas en utilisant sa méthode. Bien sûr, j'étais pleinement conscient qu'il venait tout juste de nous dire de nous en méfier, mais ne nous avait-il pas également dit de nous faire confiance et d'écouter notre jugement? Ma décision était prise, la méthode serait mon jugement, et tant pis si cela bureaucratisait ce jugement qui, de toute façon, semblait me faire cruellement défaut.

Le travail préparatoire : extraire l'information pour mieux s'en libérer

Ayant pris ma décision, j'allais être à l'écoute des moindres parcelles de son discours méthodologique et, à défaut d'avoir du jugement, j'aurais donc de la méthode. Je ne le savais pas encore, mais j'aurais dû me douter que sa méthode serait tout aussi confuse que mon jugement. D'ailleurs, son discours de la méthode s'amorçait sur les chapeaux de roue lorsqu'après nous avoir annoncé qu'elle comportait trois étapes, il se rétractait en nous disant qu'elle en comprenait plutôt quatre qui, à leur terme, n'en donneraient que trois : « Bien que l'analyse de cas proprement dite comprenne trois étapes, la démarche d'étude en compte quatre, car il faut toujours faire précéder l'analyse d'une phase préparatoire, à savoir l'extraction de l'information. Ainsi, avant de vous lancer dans l'analyse, il vous faut d'abord prendre connaissance du cas, c'est-à-dire en extraire toute l'information et mettre au jour vos premières impressions et réflexions.

« Extraire l'information, c'est déjà organiser la réalité du cas. Sans cette organisation, l'information n'aurait aucun sens et ne serait qu'un amas informe de faits aussi disparates qu'inutiles. Cinq catégories peuvent vous aider à organiser l'information, à savoir l'environnement, l'organisation, les acteurs, les actions et les événements. Sous chacune de ces catégories, vous logez les informations du cas, sans pour l'instant vous demander si elles ont de l'importance. Ce sera le rôle de l'analyse que de l'établir. Extraire l'information commande donc une posture toute psychanalytique. Votre jugement doit être suspendu. Il ne faut pas faire de diagnostic hâtif. Il faut simplement, à la façon d'un détective, colliger l'ensemble des indices qui parsèment la scène du crime. Pour y arriver, il peut être utile de recourir aux très classiques bilans qui, dans l'univers comptable, vous permettent de mettre côte à côte le passif et l'actif. Dans l'analyse de cas, les faits représentent le passif. Ils ne sont rien sans votre intervention, sans votre prise de connaissance. C'est vous qui les muez en réalité active sous l'effet de vos interprétations. Ces dernières représentent donc l'élément actif du bilan. Par un jeu d'associations libre de toutes contraintes et de tout jugement hâtif, il s'agit, pour chaque fait, de mettre au jour votre savoir, vos impressions, vos préjugés, vos valeurs, vos croyances, etc. Par exemple, si, dans la colonne des faits et sous la catégorie "organisation", vous logez le fait "magasin de produits de luxe", il est possible que dans celle des interprétations, vous logiez les éléments "qualité", "prix élevé", "image de marque", etc. À cette étape, il importe peu que ces interprétations spontanées soient justes ou non, seul importe que vous soyez capable, pour chaque fait, de rendre transparente votre pensée. C'est en quelque sorte le moment créatif de la démarche, l'étape où vous pouvez laisser libre cours à votre imagination. En outre, du fait de l'équipe, vous pourrez démultiplier cette créativité. Vous pourrez vous saisir de l'idée d'un autre et par le jeu d'une scissiparité toute cognitive donner naissance à deux idées là où il ne s'en trouvait qu'une. Il ne faudra jamais hésiter à voler l'idée de l'autre, à l'enrichir et à la transformer pour, ainsi, ouvrir de nouveaux corridors réflexifs. Lorsque la source créative sera tarie, il sera alors grandement temps de mettre de l'ordre, de regrouper les idées, de retenir les plus riches et d'amorcer un travail de codification. Ce moment très analytique est nettement plus sécurisant que l'instant créatif, mais il ne faut surtout pas chercher à en hâter la réalisation. Il ne faut pas mettre un frein à la toujours fragile et éphémère créativité sous prétexte que l'analyse est plus réconfortante. C'est sûr qu'elle l'est, car c'est le temps du contrôle réflexif, l'instant où le trop-plein créatif est quadrillé et entre dans les cases prédéterminées de nos théories. C'est aussi un moment mutilant, car certaines idées ne se laissent pas facilement enfermer dans nos cases théoriques. Lorsque cela survient, il faut faire preuve de jugement et ne pas simplement questionner l'idée qui résiste, mais également le cadre qui prétend la domestiquer. La résistance des idées peut être une occasion inespérée d'ouvrir de nouvelles perspectives d'analyse et d'ainsi construire d'inédites cases d'interprétation. Ce n'est pas toujours le cas, c'est même plutôt rare, mais lorsque cela survient, il faut avoir l'intelligence et l'audace de sortir de nos schèmes interprétatifs de façon à en explorer de nouveaux, voire à en construire d'inédits, de plus beaux, de plus robustes qui, à leur tour, tenteront de résister à de futurs assauts de créativité. Il ne faut pas résister, car c'est comme ça que vous apprendrez à construire des cités cognitives de plus en plus imprenables, de plus en plus belles et riches. Si j'osais, je vous dirais qu'au pays imaginaire, il faut savoir s'abandonner pour profiter de toutes les richesses qui nous sont offertes. Refuser la surprise et l'inédit, c'est se condamner à la morne contemplation de ce que nous savons déjà et qui n'a donc plus beaucoup d'intérêt, puisque nous le savons déjà. C'est donc tant mieux si d'aventure une nouvelle idée vient ébranler les colonnes du temple de nos certitudes. Apprendre, ce n'est pas une quête où l'on cherche à avoir raison. Tout au contraire, cela consiste à partir de la raison pour se donner tort et ainsi poursuivre à tout jamais la quête. Chercher à tout prix à avoir raison, ce n'est pas une quête de savoir, mais bien l'affirmation d'une rigidité cognitive, l'affirmation d'une foi tout idéologique. Il faut cultiver ce goût pour le doute, la surprise et l'inédit. Il ne faut pas redouter ce que la quête nous réserve en surprises de toutes sortes. Au contraire, nous devons rechercher l'inédit, l'inattendu et, du coup, notre intelligence peut s'assimiler à une quête de curiosité bien davantage que de certitude. Apprendre à apprendre, c'est rechercher ce qui nous permet de continuer à chercher. Connaître est donc une inextinguible soif de savoir et non une vérité. Apprendre a très peu à voir avec la vérité, si ce n'est celle de sa démarche. La quête de savoir se suffit à elle-même sans devoir y ajouter la vérité pour la rendre soi-disant légitime. Connaître est noble en soi et la vérité n'a pas cette noblesse de la quête, elle n'est que source de conflits aussi stériles que violents. »

Le diagnostic: formuler le problème et le contextualiser

« Au terme de l'étape d'extraction de l'information et de mise au jour de vos réflexions préliminaires, le vrai travail d'analyse commence. À partir des informations et de ce qu'elles génèrent en questions et en réflexions, il s'agit de formuler les problèmes en les contextualisant.

« Pour mettre au jour les problèmes du cas, vous pouvez compter sur votre propre expérience et ainsi juger d'expérience qu'il y a là un problème, sur un cadre normatif qui prescrit une ligne de conduite au regard de laquelle tout écart à la norme est jugé problématique. Vous pouvez aussi vous en remettre à l'énoncé de conséquences indésirables et statuer que leur présence est l'indice incontestable que le réel pose problème et vous pouvez, finalement, lier les faits les uns aux autres pour alors faire apparaître dans le réel un problème là où les autres n'auraient vu qu'un fait ou une sédimentation enchevêtrée de faits.

« Toutefois, peu importe la démarche cognitive qui va vous conduire à déceler un problème, que vous soyez inductif ou déductif, que vous fondiez votre jugement sur l'expérience ou sur la théorie, il vous faudra tout de même faire subir au problème découvert l'épreuve du contexte, car c'est là l'ultime test qui permet de statuer que vous avez décelé, ou non, un problème qu'il convient de résoudre. Introduire la réflexion sur le contexte à l'étape du diagnostic s'impose, puisque si le management est un art réflexif, une praxis, disaient les Grecs, c'est surtout une combinaison de l'action et de la réflexion dans un contexte particulier. C'est donc un art réflexif contextualisé. Un bon gestionnaire est un lecteur de son contexte; il sait le décoder et en tirer avantage. Ainsi, un problème n'en est véritablement un que lorsqu'il est mis en contexte. C'est là qu'il prend sa véritable signification, son véritable relief, et devient, du coup, objet de réflexion et d'action. Sans les contextes qui leur donnent leur réalité, les problèmes n'existent donc pas. Illustrons le caractère contextualisé des problèmes par un exemple de la vie quotidienne. Dans un aréna, alors que la partie de hockey du vendredi soir se déroule entre adultes qui cherchent à prolonger les doux plaisirs de l'enfance, la bagarre éclate autant sur la patinoire que dans les estrades. Sur la patinoire, on se dira que c'est désolant, triste, mais que voilà, la bagarre est constitutive de la réalité de ce sport. La bagarre sera sans grande conséquence pour les protagonistes si ce n'est leur possible expulsion de la partie. Nous jugerons d'une tout autre façon la situation disgracieuse qui s'est déroulée dans les estrades. Les adversaires seront passibles de poursuites criminelles et nous parlerons d'assaut ou de voies de fait pouvant conduire à l'emprisonnement. Dans les deux situations, l'action est pourtant formellement la même, une bagarre entre adultes, mais le contexte ne l'est pas. Dans un cas, la bagarre a lieu sur la glace et est constitutive de la pratique sportive alors que dans les estrades, c'est une réalité que le tissu social ne tolère pas et sanctionne par des lois et des peines. L'action est la même, mais pas le contexte. Il en va de même dans le monde organisé de l'entreprise. Ainsi, une entreprise pourrait voir ses ventes progresser de 5 % sans que cela soit une bonne nouvelle. Cela pourrait même être jugé problématique au regard du contexte économique. En effet, si cette entreprise se trouve dans un secteur d'activité économique marqué par une très forte croissance, disons de l'ordre de 10 %, ce qui au premier regard prenait l'allure d'une bonne nouvelle devient un constat d'échec : l'entreprise perd du terrain au profit de ses concurrents qui s'accaparent donc, à son détriment, de plus larges parts de marché.

« Une fois le contexte du cas mis au jour, il est important de bien comprendre que l'étape du diagnostic se décline en trois parties, nommément l'inventaire des problèmes, leur regroupement en catégories pertinentes et la formulation des principaux problèmes qui seront, par la suite, analysés finement.

« L'inventaire des problèmes n'est qu'une énumération de tout ce qui, au regard des informations et de votre jugement, fait problème dans le cas, c'est-à-dire l'ensemble des faits et gestes qui s'accompagnent des conséquences indésirables qu'il est possible d'éliminer ou, à tout le moins, d'éviter. Bien sûr, tous les problèmes n'ont pas la même importance, mais il est sage d'amorcer l'étude d'une situation en ne négligeant aucun problème. Lors de l'inventaire, il sera primordial de mettre l'accent sur les aspects très concrets de la situation décrite dans le cas plutôt que de formuler les problèmes en termes trop abstraits. Par exemple, voir dans un conflit ouvert entre deux personnes un problème qu'il faudrait résoudre est une formulation très concrète de la situation jugée problématique, formulation qui n'est pas du tout équivalente à celle qui consisterait à dire : « Il y a un conflit de personnalités. » En effet, cette dernière formulation fait déjà glisser la réflexion du territoire des données du cas, là où devrait se situer votre formulation des problèmes, vers celui de leur interprétation et, en ce sens, elle relève de la seconde étape, celle de l'analyse.

« Une fois l'inventaire des problèmes terminé, il vous sera souvent possible de les regrouper en catégories. Ces dernières sont des constructions théoriques dont la pertinence repose sur votre jugement et ne s'apprécie qu'en fonction des données du cas et des cadres théoriques à partir desquels vous analysez les problèmes. Cela dit, dans nombre de cas, il vous sera possible de retrouver trois niveaux de problèmes, soit les problèmes généraux, ceux qui concernent l'entreprise dans son ensemble et ses relations avec un environnement complexe et concurrentiel, puis les problèmes de gestion, ceux qui relèvent du jugement administratif et du rôle des gestionnaires qui l'exercent, et, enfin, les problèmes liés au travail, ceux qui impliquent les employés qui doivent composer avec le cadre administratif conçu pour accroître leur efficacité. Regrouper ainsi les problèmes par niveau vous permettra de constater leur enchevêtrement, de découvrir que, dans la réalité, il n'est pas rare que les problèmes généraux soient causés par ceux liés au travail et que ces derniers soient, eux-mêmes, fonction de problèmes de gestion. Les solutions apportées pour résoudre le problème d'un niveau pourraient donc être la cause de ceux rencontrés à un tout autre niveau. C'est ainsi que vous pourrez rapidement être conduits à faire le constat que, dans le monde concret tel qu'il se donne à l'entendement par les cas qui n'en sont pourtant qu'une faible approximation, la complexité peut, entre autres, trouver son origine dans cet enchevêtrement d'une variété de problèmes qui se situent à différents niveaux de complexité de la réalité sociale. Pour escompter avoir du succès comme pratique sociale, la gestion doit alors composer avec cet irréductible enchevêtrement du monde organisé. Elle doit faire face aux méandres de cette complexité et ce n'est pas en la niant par une réduction qui consisterait à focaliser l'attention sur un seul problème bien identifié et pour lequel existerait une solution qui a déjà fait ses preuves et a, du coup, acquis le statut de vérité technique ou de sagesse pratique qu'elle pourra y parvenir.

« Par ailleurs, à l'image des gestionnaires qui ne peuvent faire face en même temps et dans un même mouvement administratif à tous les problèmes qui se présentent à eux, vous aurez à faire des choix, notamment celui qui consiste à construire et à retenir le problème qu'il faudra résoudre.

Ces choix sont, soyez-en sûrs, toujours mutilants, toujours simplificateurs, car jamais la réalité ne peut se réduire à nos conceptualisations. Tout en sachant que vos choix auraient pu être tout autres et qu'ils sont forcément des réductions de la réalité, vous n'aurez, toutefois, d'autre choix que d'en faire, puisque tel est le destin de l'action et que le management relève de l'action. En outre, sachez qu'il n'y a pas moyen d'échapper à ce destin qui nous condamne tous à faire des choix, qui nous contraint, dirait un philosophe, à assumer pleinement notre inaltérable liberté, car même ne pas en faire, c'est tout de même en faire un, c'est encore une façon de s'engager dans le collectif, d'y intervenir et de le gérer. Ces choix qui sont toujours déchirants, puisqu'ils comportent inévitablement leur part d'incertitude et d'arbitraire autant que leur lot de regrets et de remords potentiels sont inévitables. Ainsi, au terme de l'inventaire des problèmes et de leur possible regroupement par niveau ou par toute autre catégorie que vous jugerez pertinente, il vous faudra donc choisir les problèmes qui, selon votre jugement, à la lumière des données du cas et au regard de la théorie, mériteront d'être posés comme objets de votre compréhension. Tout cela peut, j'en conviens, paraître immensément complexe, mais soyez rassurés, votre jugement sera le bon. La réalité est effectivement complexe et vous devrez apprendre à y faire face. Cela dit, pour guider ce choix qui sera forcément décisif pour la suite des choses, il est souvent préférable, mais pas toujours, de jeter votre dévolu sur les problèmes qui paraissent centraux, c'est-à-dire ceux qui seraient, en quelque sorte, au cœur de la situation que décrit le cas et qui génèreraient, de ce fait, les plus grandes conséquences indésirables. Mais comment faire pour distinguer l'essentiel de l'accessoire, comment savoir que nos choix sont les bons ? me direz-vous. En utilisant votre jugement, tout simplement. »

Cela faisait déjà près d'une heure que notre professeur nous expliquait la méthode d'analyse de cas et j'étais à bout de souffle sans même avoir fait le moindre mouvement. L'entendre dire qu'il nous fallait faire des choix me réconfortait dans le mien, mais alors que je pensais pouvoir contourner l'obstacle du jugement intuitif et tacite, voilà que le professeur le faisait entrer par la porte arrière de sa méthode. Pas moyen d'y échapper, le jugement se faisait omniprésent. C'en devenait désespérant. Comment pouvais-je déterminer si j'en avais ? Comment pourrais-je m'améliorer sans ce savoir ? Et si, au terme de notre première analyse de cas, le professeur nous disait que notre diagnostic manquait de jugement administratif, comment pourrions-nous comprendre sa remarque alors que c'était là une réalité certes omniprésente, mais surtout intangible et qui semblait avoir la fâcheuse caractéristique de se loger dans l'univers du tacite, là où très précisément le savoir n'a pas de mots pour faire entendre sa réalité ? Opter pour la méthode n'était finalement peut-être pas le meilleur des choix. Je n'en étais qu'à l'étape du diagnostic que déjà j'avais des problèmes et ce n'était pas ceux que doit mettre au jour cette étape.

L'analyse : comprendre et expliquer

« Une fois le diagnostic complété, vous devrez analyser les problèmes qui s'en dégagent à la lumière de la réalité du cas, de la théorie du cours et en faisant encore et toujours preuve de jugement. Vous aurez donc à interpréter la situation que vous avez précédemment construite comme posant problème. Et sachez bien qu'une interprétation n'est jamais l'addition ni même la multiplication d'opinions et de lieux communs, n'en déplaisent à tous ceux et celles qui réduisent le management à du gros bon sens. Ne rigolez pas, je sais très bien que vous êtes nombreux et nombreuses dans cette classe à partager ce regard plutôt méprisant. Une bonne interprétation prend les faits pour ce qu'ils sont et leur donne un sens au regard de certains cadres théoriques. Sans eux, les faits restent dans l'ombre. Il vous faudra les éclairer théoriquement, leur donner leur plein relief et les rendre ainsi compréhensibles. Sans une telle interprétation, sans cette herméneutique du concret réel, les faits resteront à l'état de données brutes, ils ne seront que ce qu'ils sont, des faits qui, tout en étant objectivement très réels, restent sans signification, puisque impensés et donc inutiles et encombrants. Analyser des problèmes de gestion consiste donc à les tamiser à l'aide de tous les regards théoriques pertinents. Bien sûr, dans certaines situations, certains regards seront plus importants que d'autres et, parfois, certains éclairages seront tout simplement non pertinents. Mais, me demanderez-vous souvent, comment savoir quel cadre théorique convient à l'analyse ? Ai-je vraiment besoin de répondre ? En effet, en cette matière comme en toute autre, il en va encore de votre jugement. C'est, d'ailleurs, tout l'art de l'analyse que de savoir manier les regards pertinents et c'est par la pratique qu'il est possible de peaufiner cet art. Cela dit, pour comprendre les problèmes, vous pourrez puiser dans toutes les disciplines du social et de l'humain, car la gestion ne se réduit à aucune et les mobilise toutes. En effet, le monde de la gestion est tout à la fois social, économique, psychologique, politique, culturel, etc., et il sera sage d'aller chaparder dans les disciplines qui ont pris ces dimensions pour objet d'étude tout ce que vous pensez être utile à votre compréhension, à votre intervention. Les gestionnaires n'ont pas de surmoi disciplinaire, ne logent dans aucune discipline, ils utilisent tout ce qu'ils pensent être utile, alors vous ferez comme eux.

« À l'image du management, votre argumentation prendra donc la forme d'un bricolage dans lequel les faits et vos interprétations cohabiteront de manière riche et complexe. C'est donc dire que tout au côté des constats empiriques se trouveront des éclairages théoriques, des expériences vécues et votre jugement. Surtout, votre analyse devra s'ouvrir sur l'action, car le management n'a de sens que par l'action qui le met en jeu et de laquelle il se nourrit tout en l'alimentant de ses aventures. Pas question donc de vous cloîtrer dans la posture anale qui consiste à faire de la rétention réflexive qui, forcément, paralyse l'action. »

Les solutions : en route vers de nouveaux problèmes

« Finalement, l'analyse de cas se terminera par la solution des problèmes que vous aurez décelés lors de l'étape du diagnostic. Il va de soi que vos solutions devront être conséquentes à l'analyse. En outre, puisque l'analyse peut mobiliser plusieurs regards théoriques, il est plausible que la solution en contienne également plusieurs. Cela dit, de façon à ce que les solutions proposées ne soient pas que de l'ordre du vœu pieux, il vous faudra accorder une attention toute particulière à la mise en œuvre de vos recommandations, c'est-à-dire que vous devrez toujours vous demander qui, dans la situation analysée, en sera responsable, quelles ressources y seront consacrées et quels en seront les délais de réalisation.

« Comme vous le voyez, si ce n'est pas d'une simplicité désarmante, ce n'est pas pour autant très sorcier. Pour bien réussir une analyse de cas, il suffit de faire preuve de méthode, de jugement et parfois de créativité. Oui, mais comment savoir si notre analyse sera de qualité ? Comment développer ce jugement qui doit toujours être mobilisé et qui semble si crucial ? La réponse est pourtant évidente. Si c'est en forgeant que nous devenons forgeron, c'est en exerçant votre jugement qu'il vous sera possible de le raffiner et de l'affûter. Pas moyen d'y échapper, à chaque instant, vous serez conviés à faire preuve de jugement et il ne tient qu'à vous de le mettre en action. Autrement, à n'en pas douter, vous perdrez votre temps et le mien. »

Après son exposé de méthode, même en tentant de domestiquer mes sempiternelles craintes et autres peurs, je ne pouvais m'empêcher de constater que ce cours avait sur moi l'effet des montagnes russes de mon enfance : tantôt j'angoissais, puis je reprenais confiance pour rapidement replonger dans une angoisse aussi innommable que paralysante. À défaut de savoir si j'avais du jugement, je me disais qu'au moins, nous avions une méthode et que, pour l'instant, j'allais m'en tenir à elle. Mon jugement attendrait le sien qui, immanquablement, viendrait sanctionner notre première analyse de cas.

CHAPITRE 5

L'évaluation des travaux : l'objective sanction du jugement subjectif

D ès qu'il en eut terminé avec son exposé de méthode, profitant de l'état de confusion dans lequel ses propos particulièrement nébuleux, ambigus, voire totalement contradictoires nous avaient tous plongés, il s'engouffra dans une longue explication sur le bien-fondé de son éventuelle évaluation de nos travaux. Là, profitant sciemment de notre sensible désarroi, il allait littéralement nous achever, en fait, pas encore puisqu'il nous réservait d'autres supplices. Le coup fatal viendrait plus tard, sur le final, comme il se doit, mais nous ne le savions pas encore. Mieux valait l'ignorance, seule garantie existentielle de notre innocence. Dès les premiers mots de son exposé des critères de correction de nos éventuelles analyses, j'ai senti monter la pression. Soudainement, le murmure s'est effrité et a laissé toute la place à l'exposé du professeur. L'enjeu était de taille. Dans ces moments-là, je nous déteste. J'ai toujours l'impression que nous nous réduisons au chien de Pavlov qui salive au son de la cloche de son maître. Apprendre devient secondaire devant la récompense et la punition. Se pourrait-il que mon professeur de psychologie ait tort, lui qui ne cesse de nous dire que la rémunération n'est pas un facteur de motivation au travail, à peine, dit-il dans son jargon, un « facteur d'hygiène » qui demande à être comblé, mais ne procure aucune satisfaction durable, tout juste, ajoute-t-il, une « non-insatisfaction » ? J'aurais voulu qu'il soit là et qu'il ose toujours nous affirmer que c'est le travail à faire qui est la principale source de motivation. Décidément, nous n'avions rien de l'idéal grec qui méprisait le travail et son œuvre pour ériger la seule discussion libre sur le mieux-être collectif en absolu. Non, nous voulions bien réussir nos analyses et, pour y parvenir, nous devions connaître les attentes du professeur et ses critères de correction. Le reste, tout le reste, n'était que de la pure rhétorique tout juste bonne à servir de matière première aux recherches qu'il affectionnait. Qu'il nous donne ses critères et nous allions nous ajuster à sa réalité. La nôtre pouvait attendre, c'est ce qu'elle faisait depuis toujours, et elle ne souffrirait pas d'être confinée une fois de plus dans le vestibule ontologique. Un jour, nous le savions tous, la porte s'ouvrirait et nous pourrions révéler au grand jour qui nous étions, qui nous étions vraiment. Mais là, l'heure n'était pas à la révélation. Le «qui» n'était pas à l'ordre du jour. Seul le «comment» s'imposait. Qu'il nous dise comment il nous évaluerait et nous allions nous arranger pour être ce qu'il voulait que nous soyons. Il avait beau dire que nous étions des gestionnaires, nous n'étions, en fait, que des étudiants et lui, le professeur. Il n'était pas le guide de notre Everest existentiel, mais notre évaluateur et nous allions apprendre ses règles, pas autre chose. Entre lui et nous, il y avait une nette relation d'autorité sanctionnée par son évaluation et pas du tout une relation d'apprentissage dans une très démocratique et idyllique agora civique. L'apprentissage était second, loin derrière la sanction, et tous ses discours n'y changeraient rien. Nous n'étions pas dupes, cela faisait déjà trop longtemps que nous étions étudiants pour l'être et si nous étions toujours des étudiants, c'est bien parce que nous n'avions jamais été dupes du jeu pédagogique. L'école nous choisit sur la base de nos performances passées et le reste, tout le reste, n'est que poudre aux yeux et chimères de professeurs qui n'ont jamais fréquenté d'autre milieu que l'univers scolaire. Ils ne sont pas fondamentalement malhonnêtes, ils ne sont que les victimes de leur parcours et de leur contexte. Parce qu'ils ont cru les fables pédagogiques, qu'ils s'en sont fait l'écho, ils ont intégré la tribu pédagogique qui les a ainsi reconnus. C'est aussi de génération en génération qu'ils se font les chantres de l'apprentissage alors même qu'ils instituent plutôt un monde autoritaire. Cela, nous le savions, et c'est là que résidait l'apprentissage du monde dans lequel nous allions nous révéler. Après tant et tant d'années de fréquentation d'une institution fondée sur les relations hiérarchiques, nous allions être en mesure d'y survivre. Nous savions ce qu'était l'autorité, nous savions composer avec cette relation. La cause était largement entendue. Ne restait qu'à déterminer de quel côté de la relation nous allions plus tard loger. Après tant d'années dans la posture du subalterne attentif aux consignes, nous pouvions naturellement reproduire ce que nous avions appris à être, des subalternes. Nous pouvions aussi prendre les commandes, car après tant d'années à l'école de l'autorité pédagogique, nous avions aussi appris ce qu'elle était, ce qu'elle impliquait, comment on l'exerçait avec plus ou moins d'efficacité. Nous savions intuitivement et d'expérience que l'autorité du professeur logeait dans notre regard, que nous étions sa grandeur, que sans nous, il ne pourrait être un professeur. Mais mieux valait qu'il n'en sache rien. Que serait-il, privé de son pouvoir, et qu'apprendrions-nous si nous le privions de son identité? Surtout, qui serions-nous hors de cette relation dont nous connaissions tous le subtil jeu? C'était, à n'en pas douter, un jeu de dupes, mais personne ne l'était tout en l'étant. Il le fallait bien pourtant. Nous aspirions à être du bon côté de la relation et il était intolérable de penser qu'alors même que nous étions au seuil du pouvoir, il ne logeait pas à cette enseigne, et que, pour l'avoir, il fallait renoncer à celui que nous avions déjà, que nous avions toujours eu en notre possession.

Allions-nous troquer notre pouvoir collectif pour cet illusoire pouvoir individuel? Allions-nous finalement devenir cet *homo economicus* qui, à force de se vautrer dans l'univers de ses préférences et de faire de savants calculs d'utilité, en vient à perdre de vue l'univers social qui lui donne son identité et son pouvoir? Là, au moment précis où le professeur pouvait nous donner les clés de sa relation d'autorité, je sentais bien que l'enjeu véritable était précisément ce pouvoir et cette identité. Il suffisait que chacun en soit conscient et accepte les éventuelles conséquences de l'exercice de cette enivrante liberté de l'être et c'en serait fait de son pouvoir, de son autorité. Là, à ce moment très précis, nous pouvions basculer de l'autre côté de la relation et être ce qu'il nous disait que nous pouvions être: nos propres maîtres. C'était sans compter les années d'apprentissage à l'école de l'autorité, le confort de la routine et la sécurité que procurent les habitudes. Surtout, c'était sans compter notre lâcheté et l'inévitable présence des *téteux* qui savent si bien entretenir la servitude librement consentie. Bien sûr, l'inversion de la relation et la prise de contrôle de notre propre pouvoir ne seraient pas sans conséquence. Le professeur pouvait sanctionner notre liberté enfin assumée et nous faire échouer le cours. Mais qu'importait cet échec. Ce ne serait que celui de l'étudiant, de cet être que notre rébellion aurait rejeté aux limbes de l'oubli. Cet échec serait la victoire de notre être véritable, de celui que nous voulions tant être. Jamais plus nous ne serions des étudiants et l'échec serait notre réussite. Qu'importerait la défaite de cet étudiant si c'était pour gagner notre liberté, si c'était pour pleinement assumer ce que nous voulions véritablement être. Et si, pour l'être, il ne fallait plus être cet étudiant, le choix était évident. D'ailleurs, le professeur ne nous avait-il pas mis au défi d'être qui nous étions vraiment? Nous allions relever ce défi et ne plus être des étudiants. Mais du coup, nous allions devenir ce qu'il nous enjoignait d'être. Peu importe notre choix, ce serait toujours le sien. Être ou ne pas être, disait Shakespeare, n'était décidément pas très simple et à tout prendre, il valait mieux l'écouter nous sermonner.

Le jugement dernier

«Dans mon évaluation de vos travaux, je vais objectivement faire preuve de jugement. Bien sûr, qui dit "jugement" dit forcément "subjectivité". Je vois ici et là des haussements d'épaules et j'entends des grincements de dents. Il n'y a pourtant pas lieu de s'affoler. La subjectivité n'est pas l'arbitraire. Miser sur ma subjectivité témoigne de mon humanité et veut simplement dire que j'évaluerai vos analyses à partir de ce que je suis, à partir de mon savoir, de mon expérience et de mon jugement. Ce sera objectivement subjectif! Ce qu'il y a de sûr est que je serai juste, équitable et que c'est moi, tout moi, qui corrigerai vos analyses. Si vous êtes attentifs à mes cours, vous me retrouverez sans peine dans mes corrections.

« De manière plus précise, je m'attends à ce que vous soyez capables de combiner la réalité des cas aux cadres théoriques du cours. En outre, chacune des étapes de la méthode devra être complète et témoigner de votre jugement. Bien oui, je serai à la recherche de votre jugement et j'entends bien le retrouver partout, car si, dans le monde concret de la gestion, l'équation mathématique et la froide objectivité qui sied à l'univers des objets a sa place, là ne se trouve pas l'essentiel. Depuis le début de ce cours, je répète que l'univers du management est d'abord et avant tout un monde de jugement et je compte bien faire de ma classe un monde concret où le jugement sera roi. J'évaluerai donc votre jugement de façon juste et équitable, avec jugement. Je laisserai à la porte la prétention à l'objectivité qui n'a sa place que dans l'univers froid et immobile des choses matérielles et inertes. Je ne vous traiterai pas comme des choses dont on pourrait prendre l'objective mesure. La mesure humaine n'est pas mathématique, elle ne se réduit pas à un jeu quantitatif. L'humain est un être de qualité et il convient qu'il soit traité à sa juste mesure. Vous serez donc évalué avec jugement, tout comme vous le serez dans le monde de la gestion. Il vaut mieux vous y faire, personne n'échappe au jugement dernier, celui des autres, de tous les autres, et ultimement le seul qui compte vraiment, le vôtre. »

Les critères objectifs de la subjectivité

« Vous vous demandez peut-être quels seront les critères objectifs de ma subjectivité. Sur quoi vais-je fonder mon jugement? D'abord, il vous faut savoir que je suis un maniaque de la qualité de l'argumentation. Alors, si votre argumentation se promène de charabia en syllabes soyez assurés que vous coulerez au beau milieu de cette mer d'incompréhension. Puis, j'escompte que vous traitiez avec beaucoup de finesse les informations du cas et que vous sachiez leur donner du relief théorique. Enfin, il est clair que je suis à la recherche de l'expression forte de votre jugement administratif.

« Par ailleurs, certains d'entre vous, les plus audacieux, les rebelles à toutes formes d'autorité, les créatifs et les entrepreneurs vont très vite étouffer dans le cadre pour le moins rigide que je viens de brosser à grands traits. Les autres, je le sais d'expérience, vous êtes déjà rassurés par la logique de la démarche, par les balises méthodiques qu'elle pose sur votre parcours intellectuel. Je vous le redis : méfiez-vous de l'apparente simplicité de cette méthode, comme de toutes celles que nous vous enseignerons tout au long de vos études. Jamais ces méthodes ne pourront se substituer à votre jugement et si ce dernier vous incite à vous en écarter, alors prenez des risques, sachez oser, et si le résultat n'est pas à la hauteur de vos espérances, vous aurez au moins le mérite d'avoir suivi votre instinct et c'est bien là ce que vous devez apprendre à faire. Bien sûr, le jugement ne donne pas toujours les meilleurs résultats, mais ce sera encore faire preuve de jugement que d'en tirer des leçons. »

Au-delà de l'apparente performance, l'invisible apprentissage

« Avant de vous lancer dans l'analyse de cas, il faut que je vous redise que les problèmes que vous aurez à analyser n'ont de sens que par le contexte qui les voit naître et se déployer. Ils sont même constitutifs du contexte qui les nourrit autant qu'il s'en alimente. Ce qui vaut pour minou vaut donc également pour pitou. Ainsi, malgré tous les efforts que vous déploierez pour vous en extraire, malgré ce que les épistémologues qualifient d'objectivation, de coupure épistémologique ou de mise à distance, vous n'échapperez jamais au contexte de vos analyses. Que vous le vouliez ou non, que vous en soyez conscients ou pas, par vos analyses de cas, vous y participez, vous en êtes des acteurs. À la réalité des cas, vous ajoutez vos interprétations, vos catégories, votre regard. Vous donnez vie aux cas en les prenant pour objet d'étude et, du coup, ils font partie de votre vie, de votre imaginaire. En contrepartie, votre prise de connaissance des cas vous y piège. Les mots des cas ne sont plus que des mots, ils évoquent pour vous des situations familières, réveillent des souvenirs, enclenchent le recours à des théories et des méthodes et déclenchent des émotions. Pas moyen, donc, d'être neutre ou objectif. Vouloir l'être serait non seulement illusoire, mais ce serait surtout néfaste. Cela vous priverait de la principale compréhension qui découle de l'analyse de cas, à savoir celle de vous-mêmes. Découvrir un cas, c'est se découvrir, et plus vous vous investirez dans la découverte des cas, plus vous en apprendrez sur vous-mêmes. L'une des conséquences de cette relation intime entre les cas et vous est la signification que peut prendre le commerce illicite des solutionnaires de cas. La principale personne qui sera flouée par ce commerce sera celle qui s'y abreuvera. En effet, celle-là se privera du principal acquis de l'exercice, à savoir la compréhension de ce qu'il est. Connaître passe par un jeu de va-et-vient incessant entre le réel à connaître et soi. La vraie connaissance est extraite de ce mouvement circulaire. Que peut bien valoir, dans un tel jeu de connaissance, une note? N'y a-t-il pas autre chose que la performance? Ne vaut-il pas mieux miser sur vous et en récolter un apprentissage? »

À ces paroles, j'ai totalement décroché. Je veux bien accepter les défis, les techniques, la complexité de la tâche, mais la morale à quatre sous, sûrement pas. Il doit bien y avoir des limites et là, il les dépassait allègrement. « Connaître c'est se connaître », « Aimez-vous les uns les autres », tant qu'à y être! Non, mais vraiment, pour qui nous prend-il, celui-là, et surtout, pour qui se prend-il? Notre père? Le curé du village global qui du haut de son prêche harangguerait la foule des fidèles et les inviterait à agir localement? Le cognitif, bien sûr. L'existentiel, ça passe encore, mais la morale, c'est hors de question. Je veux bien reconnaître que la gestion se donne parfois des airs de religion des temps modernes, mais ce n'est sûrement pas une raison pour se vautrer dans un moralisme bas de gamme.

CHAPITRE 6

Le début des troubles : la coordination des agendas

N ous étions réunis autour d'un café pendant une pause et j'ai alors proposé à tous les membres de l'équipe de fixer dès à présent un moment précis pour réaliser ensemble l'analyse de cas. Je ne voulais surtout pas brusquer les choses et mettre une pression indue sur l'équipe, mais je me disais qu'au regard des exigences pour le moins floues et contradictoires du professeur, deux semaines pour réaliser une bonne analyse, c'était court, très court, trop court.

La quadrature du cercle des amis

C'est là que j'ai fait ma première découverte et elle n'était pas des plus réconfortantes. Chacun avait ses petites préférences et ses grosses exigences. Pour l'une, il y avait le dentiste, pour l'autre, c'était son emploi au dépanneur qui l'empêchait d'avoir des réunions la fin de semaine, un autre encore nous disait préférer travailler en soirée, mais la plupart ne le pouvaient pas, etc. Coordonner les agendas des uns et des autres de façon à trouver le moment qui convenait à tous fut un véritable casse-tête. Au regard de cette quadrature du cercle des amis, je me disais que nous n'avions peut-être pas encore le jugement aussi affûté que ces gestionnaires de haut vol qu'évoquait le professeur, mais que nous en avions déjà les agendas.

J'avais le goût de tout balancer là et de courir me joindre à une autre équipe. Mais l'herbe serait-elle vraiment plus verte chez le voisin ? J'en doutais. En fait, je doutais de tout, surtout de moi. De toute façon, nous ne pouvions pas quitter notre équipe. Le professeur avait été très explicite à ce propos. Selon lui, une fois constituées, les équipes devaient obligatoirement demeurer les mêmes pour tout le semestre. Cela faisait partie de notre apprentissage, disait-il, et il ajouta : « Il n'y aura aucune exception et cela, peu importe la raison. En fait, je ne veux pas connaître vos raisons. Vous avez une équipe, à vous de faire en sorte qu'elle fonctionne bien, qu'elle soit performante. C'est là votre rôle, ça fait partie de votre tâche de voir à ce que l'équipe soit efficace et il vous revient de régler les conflits qui peuvent survenir. Je ne serai l'arbitre d'aucune équipe, ni le médiateur entre les uns et les autres. Ce n'est pas mon rôle, c'est le vôtre et que le vôtre. La gestion des équipes, je ne le répéterai jamais assez, est votre problème. Apprendre à gérer une équipe est un apprentissage essentiel et, longtemps après avoir oublié les problématiques des cas que nous analyserons, vous vous souviendrez de la gestion de vos équipes et les acquis de cet apprentissage pourront encore vous être utiles. Les équipes sont donc sous votre entière responsabilité, la mienne se bornera à vous le rappeler. Cela dit, qui dit "responsabilité" dit également "autorité". Je vous confie donc l'autorité de votre responsabilité. Ainsi, si d'aventure vous pensez à exclure l'un des membres de votre équipe, ce sera votre choix. L'exclu aura zéro et c'est avec vous, pas avec moi, qu'il devra s'expliquer. Moi, je me contenterai d'en prendre acte. Cela dit, vous aurez à vivre avec vos choix et celui d'exclure un membre de votre équipe sera l'un des choix les plus dramatiques que vous aurez à faire. J'espère sincèrement qu'aucune équipe n'aura à faire ce choix, mais si cela survient, je me plierai de bonne grâce à votre jugement. »

Finalement, devant l'urgence de retourner en classe, en y mettant tous de la bonne volonté et en faisant preuve d'un peu de souplesse, nous y sommes néanmoins parvenus. Notre première rencontre aurait lieu le vendredi en après-midi, tout juste après le cours. Cela ne nous laisserait qu'une petite semaine pour rédiger le travail, mais comme le disait Jean, il ne fallait vraiment pas s'en faire avec cette analyse qui, après tout, ne comptait que pour 10 % de la note globale. « Nous n'avons qu'à appliquer la méthode du professeur et tout ira comme sur des roulettes », ajouta-t-il. Contrairement à ce qu'en pensait Jean, les roulettes furent bel et bien au rendez-vous, mais elles avaient plutôt l'apparence de celles que l'on retrouve sous les marchettes. Notre équipe avançait vraiment sur les chapeaux de roue et si pour Jean l'enjeu se réduisait à 10 % de la note globale, cela n'était certes pas mon interprétation. Cette première analyse de cas en équipe allait témoigner de notre capacité à travailler ensemble, à être la chouette équipe que j'escomptais que nous serions, que nous pouvions être si, et seulement si, tous le voulaient autant que moi. Cette première analyse serait un test, celui de notre capacité à être collectivement productifs, mais aussi et même surtout, elle prendrait la juste mesure de notre solidarité. L'enjeu était de taille et je n'étais pas du tout convaincu que nous en étions tous pleinement conscients.

De la douce forêt cognitive à la jungle sociale

Par ailleurs, je me disais aussi qu'il ne fallait surtout pas être naïf. Notre analyse de cas serait évaluée, comme nous l'avait si bien souligné le professeur, concurremment à celles produites par les autres équipes de la classe. Nous devions donc non seulement nous surpasser, mais également offrir une analyse qui soit supérieure à celles des autres équipes. Au regard de nos difficultés à tout simplement trouver un moment pour nous réunir, cela n'avait rien de bien rassurant. En outre, je ne pouvais m'empêcher de penser que cette première analyse serait le fondement même de toutes nos évaluations du semestre. Si notre analyse n'était pas à la mesure des attentes du professeur ni clairement supérieure à celles des autres, c'était sûr que nous allions en payer le prix et qu'il serait élevé. Cette première évaluation nous suivrait tout le semestre et si nous n'arrivions pas à produire une bonne analyse, nous serions vite catalogués et relégués au rang des «casques de bain», des «chaudrons», des étudiants sans envergure ni jugement. Puisque d'ici la fin du semestre, nous avions une seconde analyse à produire, cela n'était pas sans conséquence et il est clair que nous n'aurions donc pas une seconde chance de faire une bonne première impression. C'était maintenant ou jamais. J'en avais l'intime conviction, tout notre semestre allait se jouer sur notre première et déjà décisive analyse. C'était dingue, complètement délirant. Cela faisait tout juste deux semaines que nous étions étudiants que déjà la pression se faisait sentir, que déjà nous étions mis au défi de nous surpasser, de survivre dans un environnement qui me paraissait bien davantage prendre les apparences d'une jungle féroce que d'un lieu propice à un apprentissage doux et serein. Il nous faudrait apprendre à la dure et je n'étais franchement pas convaincu que notre équipe y était préparée. Ce qu'il y avait de sûr était que moi, je ne l'étais pas. Peut-être après tout avais-je fait le mauvais choix de programme ? Peut-être n'étais-je pas fait pour devenir un gestionnaire ? Le professeur ne nous avait-il pas dit que les cas seraient pour nous une occasion de découvrir si nous étions faits pour ce difficile métier qui n'en était pas un ? Avais-je l'étoffe d'un gestionnaire ? Comment pourrais-je en être sûr ? Comment arriver à m'en convaincre, alors que le professeur lui-même semblait nous dire que le management était une réalité fuyante, toujours là et ailleurs, réelle et pourtant voilée à notre compréhension ? Quoi qu'il en soit, si réaliser en équipe des analyses de cas devait me fournir des réponses à mes questions, je subodorais déjà que je risquais de sortir de l'opération plus confus qu'à l'entrée. Oui, connaître la réalité, se connaître ouvrait un vaste territoire d'ignorance et je redoutais ce que l'exploration de cette vierge forêt me réservait comme surprise. J'allais peut-être y laisser mon âme et surtout j'allais y perdre mon innocence. Je n'étais plus sûr de vouloir y pénétrer, mais je ne pouvais faire marche arrière. Je devais plonger dans l'aventure et, qui sait, peut-être serait-elle des plus excitantes.

CHAPITRE 7

La première rencontre : l'anarchie organisée

L e vendredi, Jean n'était pas au cours et pas davantage à notre première réunion d'équipe. Ah! Les insondables joies de l'amour… Quoi qu'il en soit, tous les membres de l'équipe avaient bien travaillé, enfin, à l'exception de Sophie qui n'avait même pas lu le cas, tous les autres s'étaient bien préparés. Chacun avait annoté le cas et plusieurs avaient déjà mis sur papier des pistes d'analyse et de solution.

La symphonie cacophonique en deux actes

Nous étions vraiment beaux à voir, une vraie équipe performante, à tout le moins lors des deux premières minutes de la rencontre. La suite de notre réunion fut plutôt une longue séance cacophonique où chacun tentait de façon anarchique d'imposer ses vues aux autres tout en se fermant résolument à toutes critiques. À l'écart, Sophie lisait le cas et rigolait en silence. Moi, je ne rigolais pas du tout. Nous avions tous l'air d'être tombés de notre arbre depuis fort peu de temps. Peu à peu, l'équipe se fractionnait, s'effritait pour ne devenir qu'un magma d'individualités. Là, Maria, Claudia et Laurence échangeaient leur point de vue, je débattais avec Nathaniel qui ne voulait pas entendre raison et Sophie s'enfonçait dans son coin, sentant bien qu'il valait mieux qu'elle reste tranquille bien à l'écart du groupe. Après plus d'une heure de discussions aussi stériles que pénibles, nous avons sagement décidé de prendre une pause plus que salutaire. Elle s'est étirée à n'en plus finir. Nathaniel était suspendu, comme toujours, au cellulaire qui lui tient lieu de lien social, Maria, Claudia et Laurence rigolaient à qui mieux mieux et Sophie était mystérieusement disparue. J'étais là, en retrait, un café à la main, et j'attendais. Je fulminais. À la reprise des travaux, nous étions tous plus calmes. Il faut dire que chacun était visiblement exténué et pressé d'en finir. Pour accélérer la suite des choses, Claudia proposa d'animer la discussion et de faire ce que le professeur faisait toujours en classe, à savoir diriger le débat sans émettre le moindre point de vue un tant soit peu lumineux. Nous étions tous d'accord. Qui aurait pu être contre l'idée, et surtout qui aurait pu manifester son désaccord? Sûrement pas moi, qui avais vraiment hâte que nous en finissions avec cette opération qui ne donnerait rien de bon. C'est alors que l'anarchie repartit de plus belle. La cacophonie en ré mineur, deuxième acte. Épuisant, vidant, stressant, en un mot comme en mille, la *merde* absolue. Nous étions englués jusqu'au cou dans la rhétorique des uns et la mauvaise foi des autres. Pas moyen d'en sortir. Notre dynamique d'équipe prenait l'allure de véritables sables mouvants. Dès que l'un d'entre nous tentait de nous extirper du bourbier dans lequel nous nous enfoncions, nous y plongions plus à fond. Oui, dans ces moments-là, je suis totalement convaincu que la vie est un puisard sans fond.

La symphonie inachevée

Le plus beau de l'histoire était que Laurence devait quitter pour aller travailler et que je devais en faire autant. Nous en étions encore au diagnostic, tout juste au diagnostic! Ce qui était un problème pour Claudia était une cause pour Maria et, Sophie, maintenant revenue d'on ne sait où, s'en foutait éperdument. Nathaniel nous disait que, pour gagner du temps, nous devions cesser de chercher midi à quatorze heures et que nous devions plutôt nous en remettre aux notes de cours que l'intégrateur nous avait si gentiment données lors des journées d'initiation. Nous doutions tous que cela soit une très bonne idée. Ce n'était pas vraiment que notre surmoi éthique était en éveil ou particulièrement développé, mais une rumeur courait dans les couloirs selon laquelle le coordonnateur du cours avait été mis au courant du trafic des notes de cours et qu'en conséquence, il avait changé dans tous les cas que nous avions à analyser de petites choses à peine perceptibles, mais qui feraient toute la différence entre la réussite et l'échec. Ici, il aurait changé une date, là un fait et plus loin, le nom d'un protagoniste du cas. Il n'y avait donc pas de chance à prendre. Selon Nathaniel, qui décidément tenait à son idée, la seule du reste qu'il ait vraiment eue de toute la journée, ce n'était qu'une rumeur, une autre de ces légendes urbaines dont nous étions tous si friands. Pour couper court au débat qui s'éternisait, j'ai donc proposé que nous passions au vote. Nathaniel a crié à la tyrannie de la majorité, mais je le comprends, ce n'est jamais amusant de perdre, même si c'est démocratique. Avant de nous quitter, nous avons tenté de fixer, en vain, une autre rencontre. C'est là que Maria a eu sa grande idée: «Nous sommes à l'ère de l'Internet, alors pourquoi ne pas profiter du fait que nous avons tous un portable?» Nous avons tous été instantanément séduits par l'idée. De toute façon, la semaine prochaine, nous aurions le temps, entre les cours, de nous en parler. Il ne fallait surtout pas paniquer.

Une petite séance de médisance

De retour à la maison, je ressassais les événements à la recherche des raisons de notre échec collectif. Je devais apprendre de cet échec, sans cela, nous aurions encore des problèmes et c'est tout le parcours académique qui deviendrait impraticable. Je me disais que nous allions peut-être devenir la chouette équipe dont je rêvais, mais pour l'instant, nous n'étions tout au plus qu'une addition d'individualités disparates, pas même une équipe, à peine l'embryon de l'idée d'une équipe. Maria ne jurait que par son expérience de gestionnaire dans une boutique chic du centre-ville, là où elle avait sous ses ordres trois employés et devait gérer un «colossal» budget, disait-elle. Claudia ne cessait de rappeler l'importance de la théorie, Laurence carburait visiblement à l'intuition et aux déclics existentiels, Sophie abordait tout avec un subtil détachement et moi, dans tout cela, j'angoissais devant les ego des uns et des autres. En parlant d'ego, j'allais oublier celui surdimensionné de Nathaniel. Il savait tout, sur tout, en tout temps et, surtout, il prenait un malin plaisir à nous rappeler son infinie grandeur intellectuelle. Pas moyen d'échapper à ses discours, à son cynisme, à ses remarques. Nous devions l'écouter. Il faut dire qu'il avait beau être aussi chiant qu'une pluie d'automne à Varsovie, il avait l'art de l'argumentation. Il savait construire ses idées de façon incroyablement logique. Ça ne le rendait pas moins chiant, tout au contraire. Laurence n'arrivait pas à collaborer avec lui. Il faut dire que celle-là, avec sa créativité exubérante, arrivait toujours à nous dérouter. Je sais que cela peut paraître curieux que de dire qu'une personne a trop de créativité, mais c'était le cas. Dès que nous avions enfin l'impression d'avoir sous les yeux ne serait-ce que l'embryon d'un bout de fesse de code génétique de problème, elle trouvait le moyen de tout reformuler, de démultiplier les regards, d'ouvrir de nouvelles pistes de réflexion et de, finalement, tous nous perdre en chemin.

Mais le principal problème restait tout de même le comportement de Nathaniel. Il nous disait avoir si tant tellement plus travaillé le cas que nous, mais nous n'étions pas dupes. Il avait mis la main sur les notes pédagogiques qu'utilisent les professeurs pour animer la classe. Nous l'avons d'ailleurs confronté, mis au défi de nous livrer son secret, et il a finalement avoué être en possession de l'objet de tant de convoitise. Nous l'avons lu et nous avons tous été déçus. La note pédagogique posait davantage de questions qu'elle n'offrait de réponses.

À lire cette note pédagogique, je comprenais pourquoi notre professeur était si confus. Plus sérieusement, je me disais qu'il était hors de question de confier le travail à Nathaniel. Nous n'étions vraiment pas sortis de l'auberge!

CHAPITRE 8

De la division du travail à la multiplication des troubles

Toute la fin de semaine, j'ai repensé à notre équipe dysfonctionnelle. Je me disais que si Maria avait eu une grande et chic idée, encore fallait-il que chacun sache quoi en faire. Le réseau électronique et l'échange de fichiers, c'était bien gentil, mais ce n'était qu'un moyen, rien de plus. Le lundi matin, j'ai donc rassemblé l'équipe au grand complet. D'entrée de jeu, Jean s'est excusé, mais avec son air piteux d'amoureux transi, nous avons tous compris que ce n'était surtout pas le temps de lui faire des remontrances.

Diviser pour régner

J'ai alors proposé une solution que je croyais tout simplement géniale. Puisque nous étions sept dans l'équipe et que nous avions deux analyses de cas à faire, nous pourrions nous diviser le travail. Un premier sous-groupe de trois ferait l'analyse du premier cas et le deuxième, la seconde. Le septième membre s'occuperait de colliger les parties des uns et des autres, de corriger le tout et de faire belle impression sur son imprimante à jet d'encre. Tous furent d'accord. Ah! ce que la vie pouvait parfois être simple. Je me suis alors offert pour tenir le rôle de celui qui colligerait le tout. Là, ce fut un soulagement généralisé.

L'affaire était entendue et il ne restait qu'à former les deux petites équipes. Laurence tenait absolument à être de la première équipe. Il faut reconnaître qu'avec Claudia et Maria, elle partageait une évidente complicité. Hors les cours, elles étaient inséparables. Lorsque nous en croisions une, nous croisions forcément les deux autres. Elles formaient une chouette équipe à elles seules et ça ne fait pas de doute que de travailler ensemble au sein de la première équipe aurait été pour elles une expérience douce et agréable. Toutefois, Nathaniel tenait, lui aussi, à être de cette première équipe. C'était celui qui, fort de la note pédagogique du professeur, semblait avoir préparé avec le plus de profondeur le cas et ce n'était que justice qu'il soit de la première équipe. Le problème était qu'il ne faisait pas l'unanimité. En fait, il la faisait, mais contre lui. Personne n'était stimulé à l'idée de travailler avec lui, mais personne n'osait l'affronter ouvertement de peur de faire éclater l'équipe ou par crainte de son cynisme abrasif qui, c'était le but, décapait tout le vernis de civilisation qui nous faisait reluire et mettait à nu notre âme devenue fragile. En outre, l'attaque étant la meilleure des défenses, à tout le moins dans sa vision de la vie collective, Nathaniel fit valoir, d'entrée de jeu, son droit d'être de la première équipe : « Je veux bien m'incliner une fois devant notre démocratie, mais sûrement pas deux. » Et d'ajouter : « Puisque c'est moi qui ai le plus travaillé, j'ai le droit d'être dans la première équipe. M'en écarter serait injuste et sans fondement. J'en connais qui n'ont pas fait le quart du dixième de ce que j'ai fait, alors je ne vois pas pourquoi ils en seraient. » Ces propos corrosifs où se combinaient la victimisation et les menaces me révoltaient et je n'étais pas le seul à éprouver un certain malaise, mais de lui tenir tête était pire que de courber l'échine et d'attendre que ça passe. C'est probablement ce que Laurence s'est dit, car elle qui tenait pourtant à être de la première équipe s'est désistée. Très dignement, tout en douceur, elle nous a dit qu'elle serait de la seconde équipe avec Sophie et Jean. Elle m'a confié par la suite qu'elle avait fait ça pour le bien de l'équipe et que, n'eût été son désistement, Nathaniel aurait sûrement pété une coche, ce qui, en plus de n'avoir aucun sens, aurait nui à l'ensemble de l'équipe.

Sa décision m'a vraiment soulagé. Je ne me voyais pas faire équipe avec Nathaniel, Jean et Sophie dans le second groupe. Il ne fallait pas mettre tous nos œufs dans le même panier. Répartir les forces était une sage décision. En outre, nous n'avions plus beaucoup de temps et la créativité débordante de Laurence nous aurait fait perdre ce temps que nous n'avions pas. Tout se mettait donc en place et si ce n'était pas l'idéal, c'était tout de même pour le mieux.

Maria, Claudia et Nathaniel seraient donc du premier cas et puisque, selon la méthode du professeur, le travail devait comporter trois parties, nommément le diagnostic, l'analyse et la solution, chacun serait responsable d'une partie. Tous étaient une fois de plus d'accord. Il suffisait d'y penser. Après le cours, le premier sous-groupe s'est rapidement entendu pour fixer un échéancier. Je devais recevoir les parties de chacun le samedi matin au plus tard, à la suite de quoi je colligerais le tout, je corrigerais ce qu'il y aurait à corriger et j'imprimerais le travail pour en faire le dépôt à 8 h 30 le lundi matin. Cette fois-ci, c'était la bonne et je nageais dans le bonheur.

Le tout est plus que la somme des parties

J'ai vite déchanté. Le samedi matin, je n'avais toujours pas reçu les parties promises et mes courriels restaient sans réponse. Ce n'est que le samedi soir que j'ai enfin reçu les parties de Maria et de Claudia. Nathaniel restait silencieux, ce qui était très embêtant, puisque c'était lui qui avait la responsabilité de la partie charnière, la plus importante de toutes, l'analyse. Je n'ai reçu son fichier que dans l'après-midi du dimanche. Lorsque que j'ai mis bout à bout les trois parties et que j'en ai fait une première lecture, j'ai tout de suite compris qu'une fois de plus, j'avais été très prétentieux. Une géniale idée, avais-je pensé. En fait, cela n'avait été qu'une fausse bonne idée, pour ne pas dire une vraie mauvaise idée, comme moi seul sais si bien les concevoir. J'avais devant moi un *patchwork* aussi contradictoire qu'incohérent. Nathaniel analysait un tout autre problème que celui formulé dans la partie de Maria, et Claudia proposait des solutions qui n'avaient strictement rien à voir avec l'analyse de Nathaniel. J'exagère un peu, c'est vrai, mais ce qu'il y avait de sûr et certain était que le travail ne tenait pas la route et que si je le déposais tel quel, nous allions nous faire ramasser comme le blé d'Inde au mois d'août.

CHAPITRE 9

L'heure des choix : solidarité ou performance ?

J'étais tétanisé, littéralement figé sur place. Je ne savais vraiment pas quoi faire. Dès le début, je savais que ça ne marcherait pas et cela ne me consolait pas du tout d'avoir, une fois de plus, raison. J'aurais tellement voulu avoir tort. Devais-je relancer les uns et les autres et leur faire part de notre échec ? C'était inutile, j'en avais la conviction. Les uns étaient au boulot, les autres étaient Dieu sait où et tous me diraient que, puisque je m'étais offert pour produire la version finale, je n'avais qu'à remplir mes obligations. Il valait nettement mieux que je n'aille pas au-devant des coups. Mais que faire ? Avais-je le droit de tout réécrire, de substituer mon interprétation du cas à celle des autres ? Comment accepteraient-ils la chose ? À leur place, je ne suis pas sûr que j'en serais heureux, bien au contraire. Mais avais-je le choix ? Pouvais-je m'en laver les mains et tout simplement remettre un travail incohérent, histoire de ménager la susceptibilité des uns et l'ego des autres ?

Le paratonnerre

Si je réécrivais le tout, est-ce qu'à court terme j'aurais toujours une équipe ? Et si le travail réécrit était mal noté, ce qui serait tout probablement le cas, est-ce que j'en porterais l'entière responsabilité ? Se comporter en coéquipier responsable impliquait-il un tel fardeau ? Pourquoi ces choses-là n'arrivaient-elles qu'à moi ? Pourquoi devrais-je porter seul tout le blâme ? N'étions-nous pas une équipe ? Je veux bien être responsable, mais je ne serai pas pour autant le paratonnerre qui ira subir les foudres des uns et des autres de façon à ce que l'équipe reste soudée. Il doit bien y avoir une limite à tout supporter, à tout assumer et là, elle me paraissait largement atteinte, voire dépassée. La responsabilité, c'est bien, mais où est mon autorité ?

Ne devrais-je pas avoir l'autorité de mes responsabilités ? Pourquoi devrais-je porter seul le fardeau de l'échec probable de notre travail ? La responsabilité ne voulait pas dire la culpabilité, alors je devais cesser de m'en faire. Pourtant, j'avais beau tenter de m'en convaincre, je me sentais tout de même coupable, à moins que cela ne soit que l'écho existentiel de la responsabilité. Là, je ne savais plus, je ne savais plus rien et j'étais à deux doigts de ne plus vouloir rien savoir.

La croisée des chemins

Je sentais bien que malgré moi, ou à cause de moi, je ne le savais plus trop, je tenais entre mes mains le destin de l'équipe. Nous venions tout juste d'amorcer le semestre et, déjà, nous en étions à la croisée des chemins, pour ne pas dire dans un cul-de-sac. Il me fallait faire des choix et les faire vite. Je n'avais ni le droit à l'erreur ni le temps requis pour prendre une bonne décision et je sentais bien que, quoi que je choisisse, j'en paierais le prix et qu'il serait élevé. J'en étais maintenant convaincu, travailler en équipe, c'était l'enfer. Mais voilà, l'heure n'était déjà plus à l'exploration intime de l'injustice du monde, ni à la complainte à haute voix. Je devais tout refaire ou alors ne rien faire du tout.

Le choix s'imposait de lui-même, puisque j'avais sous les yeux un brouillon de travail plutôt mal écrit, à peine un squelette discursif, tout juste des notes éparses, contradictoires et confuses qui, je le savais trop bien, ne pouvaient se muer comme par enchantement en un travail d'analyse qui soit véritablement à la hauteur des exigences universitaires. Je ne pouvais me contenter de tout rassembler et d'espérer, par la magie du « copier-coller », un miracle qui forcément ne serait pas au rendez-vous. Il me fallait donc réagir, tout réécrire et prendre le risque de froisser l'ego des uns et la fierté des autres. Pour y parvenir, je devais faire la sourde oreille à mes angoisses existentielles et pour cela, je ne connaissais qu'un seul moyen aussi infaillible qu'irrésistible, c'était de m'en remettre à la froideur de la raison. Elle seule pouvait domestiquer mes angoisses et mes émotions. Je devais reprendre notre analyse et la fonder sur la technique d'analyse de cas. Surtout, je ne devais à tout prix m'en tenir qu'à elle et au diable le délire du jugement, les fioritures rhétoriques et les envolées stylistiques. Là, dans le pouvoir glacial, mais toujours efficace, de la raison, résidait le succès. À tout le moins, la raison technicienne représentait notre unique bouée de sauvetage. La technique serait donc notre radeau de la Méduse et, qui sait, peut-être nous conduirait-il à bon port ? De toute façon, je n'avais pas d'autre choix. Le temps n'était plus aux angoisses et encore moins aux sursauts de créativité. Il me suffisait d'appliquer avec rigueur la méthode d'analyse exposée par le professeur et le tour serait joué. Bien sûr, notre travail ne serait pas des plus originaux, mais qu'importait l'originalité au regard d'un travail d'analyse? De toute façon, je ne pouvais faire pire que ce que j'avais entre les mains, puisque ce n'était qu'un amas de feuilles qui n'étaient ni rigoureuses ni originales. Mieux valait donc y mettre de l'ordre et rien de tel qu'une bonne technique pour y parvenir.

Convaincu que, dans le contexte, à défaut d'être le choix optimal, le regard technicien était le moins désastreux des choix qui s'offraient à moi, je devais néanmoins faire preuve de jugement et mobiliser les multiples dimensions qui font tout à la fois la richesse et la confusion du management. Je me devais donc de voir dans la situation à l'étude les dimensions technique, psychologique, politique, symbolique et existentielle qui donnaient tout son sens à la réalité des acteurs administratifs que nous devions comprendre et expliquer. Je devais donc mettre au jour les questions techniques de planification, d'organisation, de direction et de contrôle ; les questions psychologiques de motivation et de personnalité ; les questions politiques qui toujours mettent en jeu des relations de pouvoir, des enjeux, des ressources, des intérêts divergents, des négociations et des conflits ; les questions symboliques où la culture et les valeurs chargent les actions des uns et des autres d'un sens qui va bien au-delà de l'agir efficace ; enfin, je me devais de ne pas passer sous silence les questions existentielles par lesquelles les humains donnent toujours un sens profondément personnel à ce qu'ils font. Théoriquement, mobiliser la palette des dimensions propres au management me paraissait robuste, mais encore fallait-il que je sois capable de les hybrider pour véritablement restituer le cœur de la situation à l'étude et y ancrer toute notre argumentation. À bien y penser, tout cela me paraissait bien complexe au regard de l'analyse d'un tout petit problème de gestion. Pourquoi devions-nous toujours complexifier le réel? Pourquoi nous fallait-il mobiliser de vastes pans de mur du savoir pour simplement résoudre le moindre petit problème? De guerre lasse, je me disais qu'il serait nettement plus sage de carrément écrire que, puisque le management est toujours une solution précaire au problème de l'action collective et qu'aucune solution ne peut à elle seule parvenir à le régler une fois pour toutes, il nous suffisait de laisser au temps le temps de faire son œuvre et que, à plus ou moins court terme, tout irait forcément pour le mieux dans le meilleur des mondes. Le management ne pourrait-il pas se contenter d'être, parfois, en retrait et d'attendre calmement que la tempête passe? Pourquoi devions-nous toujours construire des solutions alors que nous savions qu'elles ne pouvaient qu'être source d'autres problèmes? Pourquoi tant d'agitation là où le calme pourrait suffire?

Réfléchir à l'inutilité de mon analyse ne m'avançait peut-être pas du tout, mais cela avait au moins l'incroyable avantage de me servir d'exutoire cognitif et ça, j'en avais le plus urgent besoin. Cela dit, puisque je n'avais d'autre choix que de tout refaire, je me suis lancé corps et âme dans l'analyse.

Plus j'avançais dans notre ultime sauvetage, plus j'avais l'intime conviction que le succès à venir serait notre véritable échec. Il n'y avait pas moyen, pour que j'en sorte gagnant, que l'équipe soit victorieuse. Si notre analyse était bien notée, ce serait certes un succès personnel, mais ce serait surtout l'échec de notre collectif. Si, au contraire, notre analyse était mal notée, ce ne serait guère mieux. Pas de doute, le management n'était finalement qu'un univers de double contrainte.

 # Conclusion

L'histoire d'Alexandre et de la chouette équipe est tout à la fois inachevée et partielle. Elle reste inachevée à l'image de la vie organisée qui sait si bien être une histoire sans fin et elle demeure partielle, puisque les mondes organisés sont inépuisables, toujours enrichis par les regards qui visent, sans jamais y parvenir, à les saisir dans ce qu'ils ont de réel, de très concret et de profondément humain.

La chouette équipe est donc une histoire sans fin. Cela ne devrait surprendre personne, puisque dans l'univers très concret des mondes organisés, et la chouette équipe en est un, le jeu collectif est à jamais ouvert et très largement indéterminé. Sans cesse renouvelés par les actions des uns et des autres, les mondes organisés sont toujours fuyants, insaisissables, tout à la fois ici, là et ailleurs, se redéfinissant sans relâche au gré du jeu collectif tout en aspirant à une illusoire stabilité qui, en effet, ne sera jamais au rendez-vous, ne pourra jamais l'être. Réalité mouvante et dynamique, le monde organisé est également tout à la fois un perpétuel problème à résoudre et une solution aussi précaire qu'éphémère aux inévitables difficultés de la vie collective. C'est un problème à résoudre, puisque vivre en collectivité tout en se construisant une individualité propre, mettre en œuvre un objectif commun où les uns et les autres y trouveraient leur compte sans pour autant se pervertir ou s'aliéner, penser la nécessaire collaboration tout en se ménageant des espaces de douces et de tendres insouciances et réaliser une coordination des talents et des efforts de chacun sans réduire les personnes au rang d'instruments et de choses au service de la seule efficacité technicienne n'est jamais simple. Nous pouvons même soutenir que l'idéal administratif d'un collectif organisé harmonieux, stable, ordonné, efficace et doux comme tout relève bien davantage de l'utopie sans fondement que de l'ordre d'une finalité accessible aux humains. En effet, le monde organisé résistera toujours à sa réduction technicienne et de penser sa gestion seulement en termes d'ingénierie du social équivaut à coup sûr à le réduire à ce qu'il n'est pas et ne sera jamais, une chose froide et matérielle, une réalité mécanique et statique, une structure abstraite sans âme ni humains, un univers de ressources malléables au gré de forces aussi occultes que chimériques. Toutefois, et malgré les embûches et les conflits, au-delà des difficultés et des confrontations et nonobstant l'irréductible complexité du social et de l'humain, s'organiser reste néanmoins une nécessité de la vie sociale. Il n'y a, en effet, pas moyen d'y échapper, puisque la vie collective est au principe de la vie humaine et s'organiser pour survivre a toujours fait partie de cette vie. Personne ne peut véritablement vivre seul et à jamais sur son île déserte. Se regrouper est constitutif de la vie humaine. Les humains y trouvent un ancrage, un miroir qui leur permet de définir leur individualité, une identité qui forcément passe par les relations sociales, mais aussi par le jeu réflexif que chacun s'impose et cultive et dont tous, à terme, pourront profiter. S'organiser est aussi un gage d'efficacité, puisque, par le jeu subtil de la division du travail et de son nécessaire corollaire, la coordination, les humains peuvent accroître leur productivité et, par là, mieux assurer leur survie collective. Cela dit, si la vie organisée est riche et se veut une solution aux problèmes que pose la survie tant économique que sociale, tant individuelle que collective, il reste un fait indéniable qu'elle fait aussi problème, puisque vivre en société ne va jamais de soi. Du coup, la gestion, qui se présente comme une solution réflexive au problème de l'action collective organisée, fait également problème. De façon peut-être paradoxale, la gestion est donc une solution qui fait problème, une solution porteuse de problèmes. Elle se nourrit des problèmes qu'elle crée et se donne à résoudre. C'est donc dire qu'à la question « Que fait Alexandre, que doit-il faire ? » la réponse est double : il construit des problèmes, il échafaude des solutions et il doit tenter de résoudre les nouveaux problèmes que ses solutions engendrent. Surtout, il n'y a pas moyen d'échapper à ce cycle, puisque la gestion doit construire des solutions et, ce faisant, elle maintient ouvert l'univers problématique, elle s'ouvre sur de nouvelles aventures. C'est dire qu'Alexandre et sa chouette équipe ne sont pas au bout de leurs peines. Tant qu'ils formeront un collectif et qu'ils tisseront entre eux des relations, aussi longtemps qu'ils chercheront à résoudre les problèmes que leurs actions construisent, ils maintiendront ouvert leur jeu problématique et n'auront donc d'autre choix que de continuer à jouer le jeu, à se bricoler les uns et les autres des solutions problématiques.

Comme l'illustre le cas de la chouette équipe, la gestion est donc un bricolage né de l'action et de la réflexion des humains devant le problème que leur pose la vie organisée. Car il faut bien l'admettre, la vie a beau s'organiser, elle demeure ce qu'elle a toujours été, imprévisible, problématique, riche, simple, complexe, etc. Coopérer, s'organiser, comme l'expérimente avec évidence la chouette équipe, ne va donc pas de soi, même si les humains ne peuvent être vraiment libres que contraints par l'univers social. Solution presque toujours singulière et contingente, la gestion, telle la vie qu'elle prétend organiser, est donc aussi porteuse de problèmes. D'une certaine façon, la gestion s'alimente en créant les conditions de son exercice, de sa légitimité. Dans le cas de la chouette équipe, c'est très précisément ce que vit Alexandre, dont chaque tentative de solution débouche sur un univers de problèmes. Cherchant à les résoudre, il les alimente et, du coup, maintient ouvert le jeu collectif. Cela peut certes sembler déroutant, mais c'est très précisément ce qu'est la gestion : une solution problématique. Refuser de voir le caractère hautement problématique de la gestion, penser qu'il existe une telle chose qu'une solution mécanique et simple aux problèmes de la vie organisée équivaudrait à ne rien comprendre de sa richesse et, surtout, à nier la liberté des acteurs qui, par leurs jeux individuel et collectif, réinventent sans cesse les mondes dans lesquels ils se construisent tout en leur donnant corps.

Par ailleurs, si le cas de la chouette équipe reste ouvert, car toujours porté par les acteurs qui lui donnent vie et l'alimentent de solutions problématiques, il est également inépuisable puisque, à l'image du monde organisé, la chouette équipe est riche d'une infinie variété d'interprétations. En effet, comprendre la chouette équipe commande une variété de regards. D'un côté, il y a les regards des acteurs du cas qui, tous, peuvent interpréter leur situation de façon différente et, de l'autre, il y a notre propre regard sur leur situation, leurs actions et leurs interprétations. Comment comprendre ce qu'ils font ? Existe-t-il un point de vue objectif et infaillible qui permettrait de mettre au jour le sens de leurs actions et de fonder sur lui la suite des choses ? Comment cela pourrait-il être possible si les humains sont, par définition, libres et donc à jamais insaisissables et fuyants ? Comment pourrions-nous déterminer avec exactitude que ce qu'ils ont fait devait être obligatoirement fait ? Comment pourrions-nous affirmer, sans crainte de nous tromper, qu'ils auraient forcément dû faire toute autre chose ? Condamnés à la liberté, les humains peuvent faire et défaire leur monde et peuvent clairement donner de multiples sens à ce qu'ils font, à ce qu'ils sont, à ce qu'ils veulent faire et à ce qu'ils souhaitent devenir. L'analyse du cas de la chouette équipe est donc forcément un regard partiel, une tentative de donner du sens à ce que nous comprenons de la situation. Projeter sur le cas de la chouette équipe des regards technique, psychologique, politique, symbolique ou autres est certes une façon stimulante de tenter de saisir toute la complexité du cas, mais jamais cela ne saurait suffire à l'épuiser. En fait, les mondes organisés sont littéralement inépuisables et devant une situation à comprendre, s'il faut savoir oser et échafauder des interprétations et des solutions, il convient aussi d'être prudent et de reconnaître que jamais la réalité ne pourra être réduite à nos regards.

La chouette équipe vivra donc d'autres aventures, mais pour les entrevoir, il nous faut d'abord tenter de trouver des solutions aux multiples problèmes qu'elle s'est déjà donné à résoudre. La suite sera forcément tributaire de ces solutions problématiques.